数字税收年度报告

（2023—2024）

ANNUAL
DIGITAL TAX REPORT
（2023—2024）

岳树民 谢波峰 ◎ 主编

中国财经出版传媒集团

经济科学出版社
Economic Science Press

·北京·

图书在版编目（CIP）数据

数字税收年度报告．2023—2024／岳树民，谢波峰主编．－－北京：经济科学出版社，2024.12．－－ ISBN 978－7－5218－6544－8

Ⅰ．F812.42

中国国家版本馆 CIP 数据核字第 202447ZV28 号

责任编辑：胡成洁
责任校对：孙　晨
责任印制：范　艳

数字税收年度报告（2023—2024）

SHUZI SHUISHOU NIANDU BAOGAO（2023—2024）

岳树民　谢波峰　主编

经济科学出版社出版、发行　新华书店经销

社址：北京市海淀区阜成路甲 28 号　邮编：100142

经管中心电话：010－88191335　发行部电话：010－88191522

网址：www. esp. com. cn

电子邮箱：631128408@ qq. com

天猫网店：经济科学出版社旗舰店

网址：http：//jjkxcbs. tmall. com

北京季蜂印刷有限公司印装

710×1000　16 开　14.5 印张　200000 字

2024 年 12 月第 1 版　2024 年 12 月第 1 次印刷

ISBN 978－7－5218－6544－8　定价：68.00 元

前　　言

在《数字税收报告》（2021－2022）的基础之上，今年我们继续出版了《数字税收报告》（2023－2024），本报告是在党的二十届三中全会召开之后推出的年度报告。党的二十届三中全会提出"研究同新业态相适应的税收制度"，在我们多年探索数字税收制度之后，这个重大改革方向为我们坚定学科发展方向和明确学科研究目标提供了指南。

今年的年度报告在以往的基础之上，依旧聚焦数字税收领域，既有总揽性质的内容，包括数字税收研究综述，以及适应数字经济税收制度研究，也有针对部分重要前沿问题的探索，例如用户创造价值的增值税问题研究、数字税的理论和发展研究、数据交易的税收问题研究等，还有对数字税收领域政策和管理的国际比较。全书由数字税收研究所岳树民、谢波峰主编，各章的主要编写者包括：第一章，许晖；第二章，谢波峰、谢思董；第三章、第四章，谢思董；第五章，杜爽、岳树民；第六章，刘方；第七章，谢波峰、吕怡萱。

书中的这些内容并不是覆盖数字税收整个领域的理论和实践的所有研究问题，况且目前来看，数字税收作为交叉学科，其涉及问题较为广泛，正在随着数字经济的发展不断出现新的变化，例如人工智能（AI）对数字税收的影响，我们目前已经在开始研究和探索，也取得一些初步的成果，但并没有纳入今年的报告当中。还有一些今年我们承担的数字税收领域的科研工作，有些观点和研究结论，我们认为也具有一定的创新性和借鉴意义，也没有纳入报告当中。总之，数字税收涉及内容众多，我们也不期待在一个年度报告中能完成这个任务。

当然，作为补充，本书附录了数字税收研究文献索引、双支柱国际税收改革主要动态。数字税收研究文献索引作为上次年度报告就有的内容，这一次仍然保留，以期通过这一索引，更清楚地看到更多的研究视角，双支柱国际税收改革主要动态则是反映了世界各国、各地区落实双支柱方案的主要举措，为我们拓宽国际视野提供参考。

另外，由于数字税收仍然在发展，对于这一领域的认识还在不断深化，因此本书中不少观点或许值得商榷，其实有些问题甚至在参与编写的各位成员之间都可能存在不同的看法，虽然如此，抛砖引玉，促进认识深化，这也符合新学科的发展规律。

在今年报告的形成过程中，我们得到了财税部门、学术机构、事务所和企业等各界领导、专家们的大力支持和无私指导，深表感谢。尤其是感谢中国税务学会汪康副会长、蔡宇副会长，北京市税务局张有乾局长，四川省税务局姜涛局长，吉林省税务局李炳军总审计师，国家税务总局税收科研所黄立新所长、李平副所长，教育中心李本贵副主任、中国税务杂志社李万甫总编辑、中国税务学会副会长朱青教授、云南财经大学王敏校长、中国人民大学财政金融学院庄毓敏院长、中国人民大学一级教授郭庆旺、中国人民大学规划处贾俊雪处长等领导和专家在本书内容涉及的课题和研究中的指导和关心。

中国人民大学数字税收研究所所长
岳树民

CONTENTS

目 录

第一章
2023～2024 年数字税收
领域研究综述

数字经济的发展催生了关于数字税收的讨论，并已持续多年。2023～2024 年数字税收领域的研究涉及问题是多方面的，本章不仅关注了数字税收、数据课税、数字征管、人工智能＋税收、区块链＋税收、平台经济＋税收、元宇宙＋税收，还关注了"双支柱"、BEPS 等主题。从已有成果来看，相关探讨主要围绕税收制度体系、税收征管以及国际税收。这些研究体现了两个特性：一是即使是同一个议题的研究，结论也并不完全相同，由此可见关于数字税收问题的讨论是百家争鸣。二是不同主题的问题讨论相互交织，但又很难通过某一具体的研究窥见数字税收的全貌，这体现出数字税收领域研究的跨学科综合性。本章尝试梳理 2023～2024 年数字税收研究的核心议题及主要内容。

一、数字经济背景下税收制度研究的主要内容

（一）数字经济背景下税收制度改革必要性的理论分析

学界对于数字经济时代需要建立相应税收制度的必要性已经形成了共

识，近期相关研究进一步归纳了相应的理论逻辑，主要可以归纳为以下两点。

一是对数字经济征税不足导致国家财政收入流失，同时也不符合公平原则。王宏伟（2023）认为数字经济作为高质量发展的稳定器和加速器，带动了经济高质量发展，涵养了丰富的税源，若对数字经济征税不足，不仅导致税收收入流失，也不符合税收的公平原则。此外，数字经济的快速发展使社会财富分配发生变化，若对来源于数字经济活动的收入征税不足，还会影响社会财富的公平分配，对社会稳定与社会发展造成负面的影响。针对数字经济下新业态带来的新问题，孙正（2023）分析了平台企业零工经济税收的问题，认为零工经济涉及税源培育，同时也对税收制度维护公平正义提出了迫切要求。

二是数字经济与现有税收制度的冲突是数字经济征税不足的主要原因。周波和刘晶（2023）从数字经济价值链角度着手，认为数字经济特有的复杂的价值创造和分配特性，带来数字经济价值的不确定性和数字经济价值归属的不确定性，这有别于工业经济，因此建立在工业经济体系基础上的税收制度体系会导致数字经济的税收贡献不足。王宝顺（2023）将数字经济与传统税收制度的冲突表现归纳为"虚实"冲突。数字经济以信息化和网络化为基础，呈现出"虚拟化"的业态，而传统的税收制度主要建立在"实体经济"基础之上，依赖实物的存在来进行征税、管理和执法。国家税务总局深圳市税务局课题组（2023）以元宇宙为研究对象，认为随着元宇宙的发展，产出、消费和财富的结构正在发生变化，税基结构也将发生转变。陈鹏（2023）从法律视角展开分析，认为由于我国现行所得税法没有对元宇宙中虚拟化身或虚拟实体的税法地位和数字产品交易收入进行规制，不仅导致国家税源的流失，也不利于数字资产的优化配置和数字公平的实现。

（二）数字经济对税收收入影响的实证研究

数字经济的快速发展一方面为税收收入带来新的增长点，另一方面也可能加剧地区间税收收入不平等。2023 年以来涌现了一批探究数字经济对税收收入影响的实证研究，这为理论研究和制度完善提供了数据支撑。

研究认为，数字经济影响税收收入的作用机制主要有以下两种渠道。一是由于税源的增加，地区税收收入增加。但各地区数字经济发展程度差异可能导致税收收入增加的程度不同，最终导致地区间税收收入差距扩大。二是数字经济的虚拟性和去实体化会加剧税源税收背离程度，从而扩大区域间的税收收入差距。

在实证研究过程中，税收收入的度量指标并不统一，并且绝大部分的研究是从省级层面开展。崔琳等（2024）的研究是以地方税收总额的对数形式度量地方税收。高小萍和郭晓辉（2023）的研究中指标有两个，一个是增值税税收收入，由人均增值税额度量；另一个是税收与税源背离，以生产地和消费地原则下税收分配结果对比作为指标。徐绮爽和王宝顺（2023）使用省级层面增值税的数据。曾祥炎和冯晓玲（2023）的研究以地区本级税收占全国地方税收收入的比重与地区生产总值占全国地区生产总值的比重的差来衡量税收税源背离程度。李永海和王怡婷（2023）关注了税收收入结构，用直接税与间接税比重来表示。值得关注的是，目前也已经有研究通过指标构建，使用市级层面数据，例如李建军等（2023）结合地市数据可得性，构建了地市级层面的税收流入测度指标，对 2011～2020 年全国 281 个地级市的增值税和企业所得税税收流入进行测度。

从研究结果来看，高小萍和郭晓辉（2023）认为数字经济发展带来的增税效应源于增值税，并且数字经济发展"贫"者，增税效应"贫"，数字经济发展"富"者，增税效应"富"，地区间税收差距也因此加剧。崔琳等（2023）的研究认为数字经济对税收收入的促进作用主要体现在企业所得税的增长上，并且只有在地区数字企业发展较好时，数字经济指数和地方税收才具有正相关关系。李建军等（2023）的实证结果支持了其研究假设，即数字经济的商品价值增值效应和去分支化效应增加了地区增值税和所得税流入，因此，现行按照生产地原则和机构所在地原则来划分增值税和企业所得税税收收入的横向税收分配机制已经不再适用于目前数字经济时代的需要。进一步从税收结构上来看，李永海和王怡婷（2023）的研究结果显示，数字经济发展有助于提升直接税与间接税比重，实现税收收入结构的优化。田发等（2023）探究了长三角地区数字经济发展和税收收入的关系，但其结论的落脚点同样在于增值税、企业所得税和个人所得税。

关于数字经济对税收与税源背离的关系，徐绮爽和王宝顺（2023）的研究表明，数字经济通过加剧税收与税源背离引起增值税区域间横向分配的失衡。曾祥炎和冯晓玲（2023）关注了产业结构在数字经济发展与税收税源背离度关系中的作用，认为产业结构合理化水平可以缓解数字经济发展与税收税源背离的 U 形关系，但是产业结构高级化为加剧的 U 形关系。

（三）数据的可税性分析

数据税收是数字税收的核心问题。谢波峰（2023）探究了数据相关的税收制度和与平台经济相关的税收制度，认为核心是数据税收问题。对于数据可税性的理论分析是重点也是难点问题。孙正等（2023）从生产力与生产关系理论、价值链理论、税负转嫁理论三方面论述数据课税的理论根源，从宏观理论层面阐释数据要素与税制体系构建之间的联系。赵申豪（2023）认为在讨论数据的可税性时，应区分"数据作为商品被销售"还是"数据作为生产资料被使用"，当数据作为商品被销售时，可通过企业所得税与增值税来实现数据课税；当数据作为生产资料时，则无法通过现行法实现数据课税。褚睿刚（2023）认为数据除了作为一种资产进入流转税和所得税的范围，同样具备资源的特征，也应该进入资源税的课征范围之中，并将数据资源税界定为"对使用了国家所有的数据资源的纳税人课征租费的收入形式"。

伴随数据要素各项制度的确立，数据的可税性由理论分析拓展至可操作层面。《关于构建数据基础制度更好发挥数据要素作用的意见》（以下简称《数据二十条》）将数据分为公共数据、企业数据和个人数据，并进行类型化确权，《企业数据资源相关会计处理暂行规定》对企业数据资源入表作了相关规定，都为明确数据价值和征税环节奠定了基础。陈荣新（2024）基于《数据二十条》论证了数据课税的正当性，认为短期内可依托增值税和所得税框架进行数据课税，但未来须转向以数据资源税和数据使用税为主的专门数据税模式。对于征税环节，李夏旭（2023）建议结合数据要素在不同环节的产权状况界定纳税主体，建立以数据产权转移为基础的分层课税机制，对数据要素在不同环节产生的增值额征收增值税和相应的所得税。

（四）适应数字经济的税收制度改革框架

2024 年 7 月《中共中央关于进一步全面深化改革、推进中国式现代化的决定》明确指出要研究同新业态相适应的税收制度，这意味着研究同数字经济相适应的税收制度是当前和未来一段时期税收研究的重要问题。从近几年相关研究成果来看，学界结合我国数字经济发展趋势，对于构建适应数字经济的税收制度已经作了初步构思和设计。整体来看，构建适应数字经济的税收制度这一目标是明确的，在具体规划和实施路径上是偏向稳妥型的，特别是注意区分了短期和长期税制改革的重点任务。例如杨志勇（2023）从数字经济在国民经济中所占比重以及数字经济与实体经济融合发展的趋势出发，认为暂时还不需要颠覆式的创新，更多是全面、系统地思考数字经济发展可能给国内税收治理带来的影响，并做好预案。行伟波和侯峥（2023）结合全球数字市场发展情况，认为现阶段应在扩展常设机构认定规则、创新税收征管方式、调整数字经济税收分配方式、加强国际税收合作等方面着力，审慎推行数字税。

综观现有适应数字经济的税收制度改革内容，大致可以分为两类：对现有税种的完善和对新开征数字税的设计。

（1）对现有税种的改革。无论是理论研究还是实证分析，政策或制度的落脚点主要是增值税、企业所得税和个人所得税。综合现有观点，增值税、企业所得税和个人所得税改革中要解决的主要问题和改革方向是比较清晰的。

首先，增值税制度完善要解决的核心问题是数字产品和服务的价值认定和税收收入的地区间分配问题。周志波和刘晶（2023）认为应重新界定"劳务"和"无形资产"，将形成共识的数字产品和服务纳入增值税征税范围。在增值税的地区间横向分配上，李建军（2023）等建议采用生产地原则和消费地原则对增值税的地方分成部分在地区间横向分配，这样既可以避免采用单一生产地原则带来的税收分配过度集中于生产地或机构所在地，又可以激励地方政府增加居民收入、改善消费环境，推进构建消费驱动型经济增长方式。

其次，企业所得税完善要解决的核心问题是对于常设机构和数字企业所得范畴的认定。周志波和刘晶（2023）认为应以显著经济存在确定与企业所得税紧密相关的平台企业的常设机构，并完善总分机构的地区间税收分配规则。在企业所得税的地区间横向分配上，李建军等（2023）建议在省际、地市间全面采用基于资产、劳动和销售三因素的公式法，对企业所得税的地方分成部分进行分配。对于新业态下的企业所得，陈鹏（2023）认为应当对元宇宙数字产品生产和交易的收益征收所得税。

最后，个人所得税完善要解决的核心问题是将新业态下的个人收入纳入综合所得。周志波和刘晶（2023）结合数字经济新业态中主体多为灵活用工人员的现状，建议暂时将个人经由提供各种数字服务取得的收入明确为劳务报酬所得，纳入综合所得范围征收个人所得税。樊轶侠等（2024）同样提出应补充出台对平台经济、零工经济相关收入性质进行认定的新规定，并将从事各类平台经济、零工经济等取得的收入统统纳入个人所得税综合所得的征收范围，从而按照经济事件的实际发生进行年终汇总、统一清缴。田志伟（2024）认为应强化个人所得税对高收入群体的收入调节力度。

（2）对数字税的设计。无论是国际实践上还是在理论探讨中对于数字税的理解并不完全相同，例如数字产品税、数字服务税、数字资源税、数字资产税等。抛开数字税种的具体名称，基于原有税收制度的新拓展可以归结为三类。一是将数字税理解为数字企业的超额收益税，并以单独税法进行规定。例如，任宛立（2023）认为在合理评估数字企业数据收益和垄断利润的前提下，可从数字经济中获取税收收入，发挥税法在税收公平和宏观调控方面的作用。赵申豪（2023）认为除将数据税嵌入《中华人民共和国企业所得税法》外，也可通过制定"数据税法"来单独规定数据税。二是开征数字资源税。董小红和储安琪（2024）针对数据资源使用税，建议以企业数据资源的初始入账成本作为税基，按 2% 的税率来征收。三是数据资产税。周艳秋等（2024）探讨了数据资产课税税基评估的一系列问题，认为应合理选择税基评估行为主体、构建数据资产课税税基评估管理系统、科学确定数据资产课税税基。当然，在国际上还有诸多不同类型和名称的数字税，岳树民等（2024）认为我国应密切关注数字服务税、软件服务税、数字资产税和知识产权税等新税种的国际实践和探索，并深入研究这些新税种实施的效果和影响。

上述两种思路都是基于数字经济特征进行的税收制度改革设计，还应看到税收在促进数字经济发展中也可以发挥着重要作用。从税收政策助力数字经济发展的角度来看，关欣佳等（2023）聚焦上海数字经济发展与税收的关系，并且另辟蹊径通过转换系数矩阵编制了上海市经济社会核算矩阵，构建了区域可计算一般均衡模型，分析了税收和投资政策的影响，数字产业化部门的税收降低，所有部门的产出水平均有所提高。田志伟等（2024）建议通过完善税收制度，鼓励数字经济的创新和发展，鼓励传统产业加快数字化、智能化改造，鼓励企业投资研发、技术创新和人才培养，促进经济高效发展。

二、数字经济背景下税收征管研究的主要内容

数字经济背景下税收征管的文献数量远大于税收制度的理论分析，突出显示了税收问题的实践性和复杂性。数字经济时代的税收征管研究核心内容涉及数字技术、征管制度、税务部门以及纳税人等多个方面，以下仅对相关结论进行归纳总结。

（一）数字经济对税收征管的主要挑战

数字经济时代交易主体虚拟化、交易过程无纸化和交易场所无界化对现行税收征管体系提出挑战。这些挑战包括纳税人的确定、税基的估计、跨区域数字交易产生的税权划分等（马婉宁，2023），越来越多的学者认为核心问题是涉税信息的不对称。李鑫钊（2023）将涉税信息不对称归结于两个原因：一是数字经济交易具有较强的隐蔽性，对税务机关获取涉税信息带来挑战；二是数字经济的发展催生了大量的虚拟货币、虚拟资产交易，税务机关获取相关交易信息存在困难。许文（2024）、袁娇和王敏（2024）认为数字经济活动交易链条错综复杂，交易主体和方式的多样化使得税源、纳税主体等涉税信息愈加隐蔽，这使得涉税信息不对称问题在数字经济时代尤为突出。

（二）数字技术发展应用于税收征管系统的优势与不足

数字技术的发展不仅是对原有的税收征管体系提出挑战，也为税收征管

转型提供了技术基础。2023 年来，最受关注的技术是生成式人工智能与区块链技术，其中生成式人工智能代表了数字技术的最新进展，自推出以来就受到理论界和实务界的广泛关注；区块链技术则因其匿名性和去中心化的特性一直是探究数字技术应用于税收征管中的重要内容。但整体而言，数字技术发展仍是进行时，在税收征管中的应用也有各自的优势与不足。

ChatGPT 自推出以来就掀起了税收领域研究生成式人工智能运用于税收征管的热潮。从已有研究来看，生成式人工智能对税收征管来说其优势与不足还是较为明显的。向芝谊和张馨元（2023）总结了生成式人工智能服务税收征管的机制，认为生成式人工智能可以通过精准"刻画"税收治理对象、精细提供税收服务、精确应对税收管理风险等增强税收治理能力。蔡昌等（2023）以 ChatGPT 技术形成的过程与应用特征为基础，分析了其在税务应用中的优势，认为 ChatGPT 的确可以替代部分技术性强、模块化的税务工作，减少人工手动查找信息的时间和成本，并通过文本分析强化税收风险预警从而提升税收工作效率。杨森平和余丽莎（2023）同样认为 ChatGPT 可以作为智能审核、智能纳税服务以及智能决策等方面的辅助工具，有效提升税务机关工作效率。这些研究同时也关注到了生成式人工智能在提供税务服务时存在的不足，例如技术壁垒、数据库滞后、硬件限制、专业性不强、数据安全等。国家税务总局深圳市税务局课题组（2023）明确提出 ChatGPT 在展现优异能力的同时，也存在明显的不足，主要是专业性、可信性、时效性、安全性。

针对人工智能技术发展可能存在的数据及安全风险等，也有学者进行了研究，提出了建议。杜津宇和王洪亮（2023）针对税收征管数字化转型过程中对数据和人工智能安全性进行深入探讨，认为通过中性、严格脱敏和满足最低数据规模的合成数据更适合人工智能应用，这样可以有效降低经济风险，同时实现数据和网络风险可控。蔡昌等（2023）还聚焦大数据技术与税收信用管理，基于我国当前税收信用管理现状及挑战，提出涵盖税收信用数据仓库、税收信用数据溯源机制、税收信用动态评价机制等在内的大数据税收信用管理应用架构。长远来看，人工智能应用于税务领域的潜力巨大，未来应继续探讨如何克服其短板，进一步提升其处理复杂税务问题的能力。

区块链技术在税收征管中的应用仍然是重点研究对象。谢清华和周志勇（2023）认为区块链技术可以更好地实现征纳双方知识互补、信息共享和网络互联，实现税收征管部门依法征税、纳税企业依法纳税，从而使税收征纳市场强势有效。商红明和余丹（2023）一方面肯定了区块链技术在税收征管中的优势，另一方面阐释了区块链技术用于税收征管中存在的风险，认为短期内对于区块链技术在税收治理中的作用不应过于高估。主要原因是区块链的涉税运用存在透明性、网络风险、操作风险、数据泄露等不同维度的风险。

除特定技术外，基于数字技术发展形成的元宇宙虚拟空间也成为税收征管的重要途径。国家税务总局广州市税务局课题组（2023）和王佳龙等（2024）分别以国家税务总局广州市税务局厦门税务部门为例，说明现阶段元宇宙在税务领域的应用主要是虚拟数字人和元宇宙办税服务大厅。王竞达和梅延拓（2024）深入剖析了元宇宙交易课税中存在的难点问题，例如课税对象较难追踪、税基税率较难确定、税收归属较难划分等。李思思（2023）论证了元宇宙时代税收治理可能面临的价值失衡、制度失语、执法失范、技术失控等风险。孙毅和贺子涵（2023）认为以"双支柱"为核心的数字税收改革方案，并未消除数字经济对以物理存在、单独实体和独立交易为核心的传统国际税收规则带来的挑战，提出应对元宇宙经济的数字税收2.0政策体系。

（三）数字经济背景下税收征管的重点对象与内容

数字经济背景下，税收征管的重点对象包括平台、大型企业和高净值人群等，虽然相关成果的数量还不够丰富，但也为提升税收征管效率提供了思路。

数字经济的发展带来了数字平台的崛起。施正文（2024）认为平台基于其信息控制、交易控制及技术能力，相较于税务机关在监管税源和收取税款方面都有更大的优势。从实践来看，平台可以发挥税款扣缴和涉税信息报告功能。闫晴（2023）、孙正等（2023）研究了数字平台灵活用工税收征管的困局及破解措施，提出健全纳税申报机制、优化涉税信息共享机制、完善纳税信用管理制度、强化税收监督机制的思路。

随着税收征管数字化水平的提高，大数据在税收征管中的作用越来越重要。陈晋军等（2023）建议将企业集团的税收大数据与税务端的税收大数据进行有机统一和协调，推进税收共治。例如，可利用企业集团大数据开展智能化分析，为企业提供纳税情况分析、税务风险分析；为税务机关提供纳税服务、征税风险分析、税收收入预测以及政策效应分析等。

高净值人群个人所得税跨境监管是税收征管的重要内容。数字经济背景下的个人所得呈现多样性、虚拟性、高流动性以及难以估值等特征，为高净值人群提供了避税便利。张馨元等（2023）建议未来应完善反避税法律法规、设置高净值人群专管模式提高对高净值人群跨境税收的征管能力。

三、数字经济背景下国际税收研究的主要内容

国际税收改革事关各国税收权益分配，直接影响我国税收制度及其征管的调整。学界一直以来追踪关注 OECD "双支柱" 方案以及相关的方案，例如联合国大会通过的《在联合国促进包容和有效的国际税务合作》方案。相较而言，OECD "双支柱" 方案历经多年，其内容已获多国共识，而其他方案提出时间较短，影响力相对较小。但无论在哪种方案下，数字经济带来的税收问题都是不可回避的，其进展也会对我国国际税收制度甚至国内税收

征管产生重要影响，以下就对其核心议题和主要内容进行梳理。

（一）数字经济背景下国际税收讨论的核心议题与各国税收实践

第一，被称为 BEPS2.0 行动计划形成的支柱一方案对数字经济税收常设机构确定有重要的意义。应对税基侵蚀与利润转移（BEPS）行动计划于 2013 年推出，至 2023 年已实施 10 年，廖益新（2023）总结回顾了计划实施十年税改的利弊得失，认为 BEPS 是应对经济全球化和数字化的一项前所未有、规模空前的全球合作性反避税战略行动。这场全球性的国际税改前后经历了 BEPS1.0 和 BEPS2.0，BEPS2.0 的成效以"双支柱"方案为代表。[①] 张伦伦（2023）、任超和翁盈盈（2023）、彭程（2023）等关注了支柱一方案形成过程中关于税收常设机制规则的演进，认为从中可以看出数字经济下税收常设机构的确定思路，对我国建构与数字经济相适应的税收制度体系有重要的借鉴意义。2015 年，OECD 在 BEPS 1.0 的最终成果报告中提出了"显著经济存在"联结度规则，判断非居民企业是否构成"显著经济存在"时主要考虑收入要素、数字技术要素和用户要素。2019 年 10 月，OECD 提出了支柱一方案下的"统一方法"。在"统一方法"中，新联结度和新征税权是两个重要的概念。新联结度规则和新征税权是以"显著经济存在"联结度规则作为理论基础，同时吸收了"用户参与"和"营销型无形资产"方案的内容，强调了"显著且持续参与"。值得注意的是，在规则层面上，新联结度规则及新征税权并非要替代传统常设机构规则，而仅仅是一种补充。

第二，联合国开始建立以自身为主导的全球税收治理机制。王丽华和景重博（2024）、陈镜先（2024）关注了联合国在全球税收治理中的作用，分

---

① 支柱二方案旨在解决全球有害税收竞争问题，此部分着重梳理支柱一方案下与数字经济相关的核心议题。

析了其治理机制的动因、演进并进行了展望。"双支柱"改革方案的效果与许多发展中国家所预期的目标存在差异，是发展中国家开始倡议在联合国框架下重组国际税收合作平台的主要原因。2022 年 11 月 16 日，非洲国家在联合国大会上提出了一项名为《在联合国促进包容和有效的国际税收合作》的修订决议，该决议于 2022 年 11 月 23 日获得一致通过。这标志着联合国对 OECD 作为全球税收规则主要制定者的地位提出挑战。2023 年 12 月 22 日，随着联合国大会《在联合国促进包容和有效的国际税务合作》（A/RES/78/230）决议的通过，标志着联合国开始建立以自身为主导的全球税收治理机制。

第三，为应对数字经济，各国采取了不同税收措施以维护本国的税收权益。袁娇等（2023）梳理了部分 RCEP 成员例如澳大利亚、印度尼西亚、日本、韩国、新加坡、马来西亚、新西兰、菲律宾、泰国和越南等地采取的数字经济税收措施及税收征管数字化进程，从中可以看到 RCEP 成员为应对数字经济下的税收挑战而积极调整征税规则，但认为各自为政的做法也加大了国际税收征管合作和税收协调的难度。陈彤（2023）介绍了新加坡政府在商品及服务税制度方面的多项改革措施，代志新（2023）等关注了法国"数字服务税法案"的主要内容，希望通过其他国家或地区的数字税收实践为我国数字税开征提供启示与借鉴。

（二）对我国的启示

一方面，继续密切关注国际税改动向，维护我国税收征税权益。因目前我国仍是数字经济净输入国和数字经济消费大国，"双支柱"方案现有规则短期内对我国企业的影响不大，应更多地关注如何从市场辖区的角度维护自身的税收利益。从国际税收合作来看，缪慧星和梁惠秀（2023）、廖战海和肖胜男（2023）均认为"双支柱"方案为中国－东盟的税收合作带来了新机遇，中国与东盟国家应更加深入开展税收合作，构建友好型、增长型税收环境，共同维护数字经济带来的税收权益。从国际税收规则制度参与度来说，中国应该继续关注"双支柱"方案的推进，寻求提升国际税收规则制定的话语权，同时，在建立联合国主导的全球税收治理机制中发挥重要作用，加强与发展中国家的合作。

另一方面，做好国际国内税收制度对接准备工作。朱青和白雪苑（2023）建议提前做好我国税法与支柱一方案相衔接的设计：修订企业所得税法及税收协定中有关所得来源地、常设机构、利润归属的概念等，打造便捷和高效的税收制度环境。陈勃（2023）建议做好新联结度规则与传统常设机构规则在制度层面的兼容，加强对税收常设机构的认定管理，探索建立对跨国企业集团"自上而下"的税收征管模式，并做好迎接新型争议预防和解决机制实施的相关准备。袁娇等（2023）提出，从长远来看，需要设置专门的税收协调机构、建立税收信息交换机制、构建具有包容性的区域税收协定网络、逐步完善数字经济税收规则、加强税收征管合作。

四、研究评述与未来展望

对数字税收的研究是多角度的，是理论与实践、国内与国外、制度与征管、经济与法律的综合体，这也显示了数字经济的深远影响和相关税收工作的艰巨性。虽然如此，但目前的研究主线仍有着较清晰的目标，即围绕数字经济特性应如何构建与之相适应的税收制度，实现在促进数字经济发展的同时以更便利的税收服务，确保税收的公平与效率。从近两年的研究看，既有延续性问题，也有新涌现的热点问题。数字税收制度的理论探讨、税收征管面临的挑战以及国际税收改革动向，都是学界长期以来关注的重要问题，数字经济对税收收入的影响、生成式人工智能在税收征管系统中的应用是近两年的热点问题，虽然取得了阶段性的研究成果，但对于构建同新业态相适应的税收制度而言依然是不足够的，未来研究应以国家数字经济发展规划和税收制度改革取向为指引继续强化。

2023 年 2 月中共中央、国务院印发《数字中国建设整体布局规划》，提出要做强做优做大数字经济，这意味着促进和发展数字经济是当前我国经济发展的重要任务。2024 年 7 月《中共中央关于进一步全面深化改革、推进中国式现代化的决定》强调要深化财税体制改革，要研究同新业态相适应的税收制度。"相适应"意味着税收制度不仅要应对数字经济背景下的税收问题，还要使税收制度对我国数字经济的发展起到积极的促进作用。以此为目标，结合已取得进展和存在的不足，未来研究应在国内外税收领域的理论研究、实践分析等多方面给予持续、深入的关注。

（1）强化理论分析。研究同新业态相适应的税收制度的基础就是理论分析，尤其是要求从本质上阐明数据要素参与价值创造的逻辑，明晰数字产品和服务在生产、持有、转让等环节所对应的价值。虽然已有数字经济特性的分析，也有数据要素与税收相关的理论分析，还有将数字经济时代与工业经济时代的税收进行对比分析，但其结论还有待进一步清晰，增强对现实的指导意义。未来应从政府的视角出发，明确数字税收的本质，理顺数字税收的内涵、原则与目标，有效解决数字经济税收理论与实践的问题。

（2）完善数字税收领域研究的数据基础。囿于数据的可得性，已有研究中数字经济相关的数据来源主要有两类：一是国家统计局《数字经济及其核心产业统计分类（2021）》；二是中国信息通信研究院发布《数字经济白皮书》。这使得实证研究方法雷同，结论单薄。丰富的税收经济大数据是可靠科学实证的前提，建议不仅要不断完善数字经济及税收数据统计，积累更多的税收大数据，而且要提高税收大数据的开放共享利用程度，这样才能更加深入挖掘数字经济与税收的互动关系，才能为数字税收制度设计提供更坚实的支撑。

（3）重视微观层面研究。已有研究集中于理论分析、制度规则和宏观经济层面，未来有待于从微观企业或个人层面进行深入剖析，或是以案例形式进行更加生动的阐述，为数字税收的落地应用奠定基础。值得注意的是，2024年1月1日起《企业数据资源相关会计处理暂行规定》实施，数据资产正式进入资产负债表，这为开展企业层面的数据要素相关研究提供了可能。

（4）密切关注国际税收动向。国际税改的目标之一就是应对数字经济税收问题。BEPS行动计划的"双支柱"方案在全球范围内产生重大影响，我国作为数字经济生产和消费大国，需要立足全球视野维护我国税收利益；此外，还应代表发展中国家，在国际税收规则制定过程中捍卫发展中国家的税收利益，推动建立更加公正合理的国际税收秩序。国际国内税收制度的衔接已成必然趋势，因此，关注国际税收动向也是做好前瞻性制度设计的前提。

参考文献

［1］蔡昌，曹晓敏，王爱清．大数据技术驱动税收信用管理创新：逻辑、架构与实现路径［J］．税务研究，2023（12）：57-65．

［2］蔡昌，曹晓敏，王艺琳．ChatGPT的税务应用：优势、短板及前景展望［J］．税收经济研究，2023（6）：1-10．

［3］蔡昌，郭俊杉．平台经济税收治理的博弈分析［J］．改革，2023（3）：62-75．

［4］陈勃．OECD支柱一方案的形成、前景展望及我国税收对策［J］．地方财政研究，2023（1）：103-112．

［5］陈晋军，张碧云，吴小强，等．企业集团税收大数据的价值与智能化分析——基于征纳主体的双重视角［J］．税务研究，2023（11）：76-82．

［6］陈镜先. 全球税收治理中联合国的作用：历史演进、现状分析与未来展望［J］. 国际税收，2024（6）：61－71.

［7］陈鹏. 元宇宙经济课征所得税的理论基础与实践进路［J］. 重庆邮电大学学报（社会科学版），2023（3）：29－37.

［8］陈荣新. 论产权结构性分置下数据课税模式转向［J］. 税务研究，2024（6）：55－61.

［9］陈彤. 数字经济下我国税制改革研究——来自新加坡的启示［J］. 上海立信会计金融学院学报，2023（2）：57－70.

［10］褚睿刚. 结构功能主义视阈下数据可税性的规范实现［J］. 法学，2024（3）：174－192.

［11］褚睿刚. 数据资源税：一种数据税立法模式的体系考察［J］. 税务研究，2023（9）：66－72.

［12］崔琳，周方伟，李琛. 数字经济是否会带来税收鸿沟？——基于省级面板数据的实证研究［J］. 经济体制改革，2023（3）：174－183.

［13］代志新，班若琳，陈明玮. 数字经济背景下法国税收改革及对我国的启示——以数字服务税为例［J］. 法国研究，2023（1）：16－28.

［14］董小红，储安琪. 企业数据资源入表后课税问题浅析［J］. 税务研究，2024（5）：41－45.

［15］杜津宇，王洪亮. 税收征管数字化转型中的合成数据应用［J］. 税务研究，2023（7）：62－69.

［16］樊轶侠，段可仪. 数字经济影响区域间税收鸿沟的机制分析与效应检验［J］. 中央财经大学学报，2024（6）：25－38.

［17］高小萍，郭晓辉. 数字经济发展对地区税收分配的影响研究——基于增值税的实证分析［J］. 经济体制改革，2023（2）：167－174.

［18］关欣佳，刘兰娟，黄欣. 数字经济产业的税收和投资溢出效应研究——基于上海 CGE 模拟分析［J］. 上海财经大学学报，2023（4）：

93 – 107.

［19］国家税务总局广州市税务局课题组，杨绪春，韩流柱，等．元宇宙在税务领域应用的实践与思考［J］．税务研究，2023（4）：71 – 78.

［20］国家税务总局深圳市税务局课题组，郭晓林，李伟，等．新质生产力与税制变迁：元宇宙的视角［J］．税务研究，2023（12）：5 – 11.

［21］胡旭．数智时代元宇宙赋能飞地经济税收利益分享：理论证立与制度调适［J］．行政与法，2024（9）：106 – 118.

［22］李建军，赵晓彧，李鑫．数字经济与横向税收分配：商品价值增值效应和去分支化效应［J］．财政研究，2023（8）：101 – 113.

［23］李梦娟，蔡昌，李艳红．数字货币的运行机制与税收治理——基于第三方支付与数字货币比较视角［J］．税务研究，2023（4）：79 – 86.

［24］李思思．元宇宙时代税收治理的法律风险及其应对［J］．财政科学，2023（7）：34 – 46.

［25］李夏旭．论数据要素的分层课税机制［J］．税务研究，2023（3）：112 – 118.

［26］李香菊，付昭煜，王洋．基于资产属性视角的数据资产课税制度研究［J］．税务研究，2022（11）：23 – 28.

［27］李鑫钊．数字经济背景下加强税收征管的建议［J］．税务研究，2023（1）：129 – 132.

［28］李永海，王怡婷．数字经济对税收结构的影响：理论机制与实证检验［J］．税收经济研究，2023（5）：45 – 55.

［29］廖益新．旨在重塑公平合理国际税收秩序的全球性税改：BEPS项目国际税改启动十周年评述［J］．国际税收，2023（12）：3 – 12.

［30］廖战海，肖胜男．数字经济下中国—东盟国际税收协调研究［J］．广西财经学院学报，2023（6）：61 – 72.

［31］马慧洁，夏杰长．数据资产的确权及课税问题研究［J］．税务研

究，2023（12）：44 - 49.

［32］苗玉刚. 挑战与应对：元宇宙经济的税收治理探究［J］. 湖南税务高等专科学校学报，2023（6）：35 - 41.

［33］缪慧星，梁惠秀. 数字经济背景下"双支柱"方案对东盟国家税收的影响研究［J］. 广西财经学院学报，2023（2）：78 - 88.

［34］彭程. 论数字经济下税收联结规则的时空构造与规范嬗变［J］. 税务研究，2023（11）：69 - 75.

［35］任超，翁盈盈. 数字经济背景下常设机构税收关联度的弱化与应对［J］. 税收经济研究，2023（4）：9 - 17.

［36］任宛立. 税收公平视角下数字税功能创新［J］. 暨南学报（哲学社会科学版），2023（5）：50 - 58.

［37］商红明，余丹. 区块链治税的优势、风险与启示［J］. 税收经济研究，2023（2）：90 - 95.

［38］施正文，刘林锋. 论数字平台的税收征管义务［J］. 国际税收，2024（4）：10 - 24.

［39］孙毅，贺子涵. 数字税 2.0：展望元宇宙驱动的税收变革［J］. 税务研究，2023（1）：50 - 55.

［40］孙正，闵庆汉，朱学易. 工业互联网税收治理的逻辑机制与中国方案［J］. 税务研究，2024（2）：79 - 86.

［41］孙正，闵庆汉，朱学易. 数据课税的理论、逻辑与中国方案［J］. 税务研究，2023（1）：56 - 62.

［42］孙正. 智慧税务下平台企业零工经济税收治理：理论、逻辑与对策［J］. 税收经济研究，2023（6）：11 - 20.

［43］汤洁茵. 数据资产的财产属性与课税规则之建构：争议与解决［J］. 税务研究，2022（11）：29 - 35.

［44］田发，康家烁，周琛影. 数字经济发展对税收制度的冲击及应对

策略——以长三角区域为例［J］．地方财政研究，2023（9）：59 - 69.

［45］田志伟，丁玉姣，王强．经济时代变迁对税收治理模式的影响研究——兼论数字经济时代税制改革设想［J］．国际税收，2024（5）：56 - 63.

［46］王宝顺．数字经济税收：一个分析框架［J］．财政科学，2023（11）：60 - 69.

［47］王宏伟．数字经济下我国税制优化的立场、原则与进路［J］．税收经济研究，2023（5）：26 - 34.

［48］王佳龙，刘泽瑜，陈茹佳．元宇宙税收全景治理模式的实践探索与蓝图构建——基于场景应用实践的分析［J］．国际税收，2024（3）：61 - 68.

［49］王竞达，刘东，付家成．数据资产的课税难点与解决路径探讨［J］．税务研究，2021（11）：68 - 73.

［50］王竞达，梅延拓．元宇宙的课税难点与解决路径探讨［J］．税务研究，2024（4）：77 - 83.

［51］王丽华，景重博．联合国主导的全球税收治理机制的建立：动因、展望与应对［J］．税务研究，2024（6）：90 - 97.

［52］向芝谊，张馨元．生成式人工智能赋能税收治理现代化研究［J］．税务研究，2023（12）：66 - 70.

［53］谢波峰．数据税收的内涵、作用及发展［J］．财政科学，2023（1）：35 - 39.

［54］谢清华，周志勇．区块链赋能税收征管与税务筹划的动态博弈［J］．税务与经济，2021（4）：40 - 47.

［55］行伟波，侯峥．数字市场发展与数字税治理［J］．金融市场研究，2023（10）：1 - 20.

［56］徐绮爽，王宝顺．数字经济与区域间横向税收分配失衡——基于

税收与税源背离现象的考察与实证检验 [J]. 现代财经（天津财经大学学报），2023（3）：82-96.

[57] 许文. 分步构建面向数字经济的友好型税收体系 [J]. 国际税收，2024（4）：25-31.

[58] 闫晴，高婷婷. 数字经济时代数据资产交易课税：制度困局、理论逻辑与优化方案 [J]. 青海社会科学，2024（1）：172-181.

[59] 闫晴. 数字经济时代灵活用工平台税收征管制度的困局、溯源及破解 [J]. 上海交通大学学报（哲学社会科学版），2023（3）：104-120.

[60] 杨森平，余丽莎. 以 ChatGPT 为代表的生成式人工智能对税收管理带来的机遇和挑战 [J]. 税务研究，2023（6）：16-20.

[61] 杨志勇. 论数字经济背景下的国内税收治理 [J]. 税务研究，2023（10）：54-59.

[62] 袁娇，王敏. 数字经济时代我国税收征管适配转型迭代的路径思考 [J]. 东北财经大学学报，2024（5）：24-32.

[63] 袁娇，夏凡，付可昕. RCEP 下跨境数字经济税收协调现实困境及破解之策 [J]. 国际税收，2023（4）：54-62.

[64] 曾祥炎，冯晓玲. 数字经济是否会加剧我国税收税源背离？——来自中国城市的经验证据 [J]. 财经理论与实践，2023（4）：82-88.

[65] 张伦伦. 税收协定范本中常设机构条款的最新修订及中国优化策略 [J]. 国际税收，2023（9）：68-76.

[66] 岳树民，谢思董，白林. 适配数字经济发展的税制结构优化 [J]. 国际税收，2024（4）：3-9.

[67] 张馨元，田婷，庄婷婷. 数字经济背景下完善高净值人群跨境税收征管问题研究 [J]. 税务与经济，2023（6）：33-37.

[68] 赵申豪. 数据课税的理论基础与二元实现路径 [J]. 税务研究，2023（8）：52-59.

［69］周波，刘晶．应对数字经济挑战的税收治理变革［J］．税务研究，2023（12）：33 – 38.

［70］周艳秋，朱润喜，陈蕾．数据资产课税税基评估规则的构建及其实施路径［J］．税务研究，2024（9）：70 – 76.

［71］朱青，白雪苑．OECD"双支柱"国际税改方案：落地与应对［J］．国际税收，2023（7）：3 – 10.

第二章
数字经济税收问题研究[*]

习近平同志指出，发展数字经济是把握新一轮科技革命和产业变革新机遇的战略选择，是新一轮国际竞争重点领域，要站在统筹中华民族伟大复兴战略全局和世界百年未有之大变局的高度，抓住先机，不断做强做优做大，抢占未来发展制高点。党的十八大以来，我国深入实施数字经济发展战略，数字经济成为我国经济发展中创新最活跃、增长速度最快、影响最广泛的领域，推动生产生活方式发生深刻变革。《中华人民共和国国民经济和社会发展第十四个五年规划和2035年远景目标纲要》提出"打造数字经济新优势"的目标。为适应新形势、应对新挑战、抓住新机遇、实现新目标，必须建立与数字经济发展要求相适应的数字税收制度、税收政策体系和税收征管模式。必须从税收作为国家发展和治理的基础、支柱和保障，是经济调控重要手段的角度，从深层次推动我国税收治理体系和治理能力现代化，为数字经济发展奠定良好的税收基础。

---

[*] 本章主要依据中国税务学会2022年度重点课题"数字经济税收问题研究"的研究成果改编。

一、数字经济及数字税收现状

（一）税收视角下的数字经济及其特征

数字经济是以数据资源作为关键生产要素、以现代信息网络作为重要载体、以信息通信技术的有效使用作为效率提升和经济结构优化的重要推动力的一系列经济活动。① 继工业经济之后，数字经济发展速度之快、辐射范围之广、影响程度之深前所未有，正推动生产、生活和治理方式深刻变革，成为重组要素资源、重塑经济结构、改变竞争格局的关键力量。

根据国家统计局 2021 年最新发布的《数字经济及其核心产业统计分类（2021）》（以下简称《数字经济分类》），按照这一统计标准，近年来，国家税收总局利用税收大数据，对数字经济核心产业发展情况进行了统计分析，② 这些税收经济数据反映出数字经济发展态势向好，正逐步成为助推经济发展的新引擎。

2023 年 2 月，中共中央、国务院印发了《数字中国建设整体布局规划》（以下简称《布局规划》）。《布局规划》明确，数字中国建设按照"2522"的整体框架进行布局，即夯实数字基础设施和数据资源体系"两大基础"，推进数字技术与经济、政治、文化、社会、生态文明建设"五位一体"深度融合，强化数字技术创新体系和数字安全屏障"两大能力"，优化数字化发展国内国际"两个环境"。《布局规划》提出，到 2025 年，基本形成横向打通、纵向贯通、协调有力的一体化推进格局，数字中国建设取得重要进展。到 2035 年，数字化发展水平进入世界前列，数字中国建设取得重大

---

① 国家统计局：《数字经济及其核心产业统计分类（2021）》。
② 资料来源：chinatax. gov. cn。

成就。

数字中国建设整体布局规划进一步对数字经济税收制度和管理带来了更高的要求和更大的挑战。从税收视角看，数字经济的快速发展对于税收制度及其管理带来了新问题、提出了新要求、遇到了新挑战，需要深入分析数字经济发展产生的新变化、发展的新趋势、运行的新特征，从而建立和完善适应数字经济发展的现代税收制度。

首先，数字经济对社会经济形态发展产生深刻影响，数字技术的广泛运用催生了大量新经济、新业态、新模式，既有的税收治理理念、政策措施、制度规则、管理模式和技术手段都需要随之进行相应的改革与完善。

其次，数字经济快速发展，与国民经济各行业的深度渗透和广泛融合，并成为经济增长的新动力，带来了税源结构的新变化。税源的地域分布、产业分布、人群分布发生了变化，深刻影响税收收入结构、征管重点。

最后，数字经济是以现代信息技术的广泛应用和快速更新为支撑，企业研发成为推动企业成长壮大和持续发展的主轴。数字技术迭代更新速度快，使得企业持续的研发投入将成为一种常态，研发是企业持续发展的驱动力，也是企业持续存在的风险，支持企业创新发展的税收支持政策需要进一步完善。

适应数字经济发展的税收政策制度，关键在于全面掌握数字经济的特点和规律。从数字经济的运行看，数字经济具有的有别于传统经济的特征，是制定数字经济税收政策制度及其管理措施时需要把握的。

（1）数据要素、技术创新成为关键。数字经济运行中数据成为新的生产要素，5G、算法、人工智能等现代信息技术成为支撑生产要素的主要生产方式（OECD，2015）。数据要素创造价值依赖数字技术、信息技术对数据的收集、使用、开发和利用。数据要素的流动、交易、估值等成为重要经济活动，数据的流动性、多样性、差异性等特点又带来价值确定难题；数据创造价值又使数字基础设施建设和数字技术创新成为常态，成为重要的经济增长极。

（2）经营活动的时空约束被削弱。网络化平台的出现克服了传统经济活动、经营交易的时间限制、空间限制、地域限制，呈现开放性、虚拟性特点，数字产品、数字服务实现了远程交易、异地经营、跨区域流动，为强势企业、优势企业集中资源、扩大市场、聚集收入提供了条件。

（3）商业模式多样化。数字技术的发展催生多种商业模式，OECD 在BEPS 行动计划中提到了电子商务、网上金融、在线教育、在线医疗、互联网媒体等商业模式。但近年来，以共享经济和零工经济为主要特征的平台经济，以不同以往的商业运作模式，挑战着现有的税收制度（OECD，2021）。在 OECD 应对数字经济税收挑战的"中期报告"（OECD，2018）中又提出"价值链""价值商店"和"价值网络"三种类别。我国目前主要有电商和电商平台、新媒体平台、共享和零工经济平台、社交和信息平台、产业链服务和交易撮合平台（生产服务平台）等多种商业模式。

（4）经营主体小型化微型化。数字产品、数字服务的生产属于典型的智力经济，数字产品与服务的特点决定了其生产销售及规模的扩大不再依赖更多的有形资产投入、更大的经营场所，实现了经营主体小型化微型化，甚至一个自然人可以进行全面的产品与服务的开发、生产、销售。进而呈现出经营主体自然人多、分布零散、流动性强、经营者身份和地点不确定且可隐匿的状态。

（5）逆传统的发展路径。数字产品和服务的复制功能、辐射功能加之网络外部性，规模效应明显，使其沿着边际成本递减、边际报酬递增的路径扩张；免费提供产品与服务成为经营扩张的一种重要方式；消费者创造、生产者消费者共同创造价值成为重要力量（OECD，2019）；呈现单笔收入小额化，收入形式和支付形式多样化，非销售行为创造收入等特征。一些数字经济企业呈现出完全不同于传统经济发展壮大的方式和路径。

（二）数字税收现状

国家税务总局利用税收大数据统计显示，2023 年来，我国数字经济核心产业销售收入的平均增长率显著快于 GDP 增长速度，这表明数字经济对于推动我国经济增长有着巨大的潜力。

结合具体的税收经济数据来看，以某市数据为例，还可以发现数字经济税收的以下 4 个特点。

（1）税源主要集中于大企业。从企业经济规模看，一成大企业贡献了该市九成税收。这表明在该市范围内数字经济税源非常集中，税收贡献主要集中在数字经济大企业。

（2）软件服务企业税收占七成。从行业税收贡献度看，软件和信息技术服务业贡献较为突出，软件和信息服务税收收入近年来一直保持两位数以上持续较快增长，占整个数字经济行业税收总额的七成左右，增长率远高于数字经济其他行业税收增长，这一税收情况与产业情况基本匹配。

（3）行业税负率相对较低。按缴纳的税收占销售额的比重作为行业税负率衡量指标，以疫情前 2019 年度的数据来看，数字经济四大行业的税负率与北京非数字经济行业相比，低了约30%。

（4）企业海外利润和税收贡献不高。该市是我国互联网数字经济发展的领先城市，拥有大批知名互联网企业，但是目前多数互联网大企业在走向国际化经营方面参与度还不高，以个别互联网社交媒体龙头企业为例，缴纳的企业所得税和增值税不涉及境外经营所得。这表明该市"走出去"数字经济企业自身经营规模大，但境外所得少。

从我国数字经济和税收发展的情况来看，数字经济在带来发展机遇的同时，也带来了一些挑战，这些挑战可以从不同的视角来分类和展开，本章主要从制度和管理层面，基于挑战的性质进行分析并探讨改革完善的政策措施。

二、数字经济带来的税收挑战

（一）税收政策制度的现实适应性

1. 税制要素适用的挑战

纳税主体、征税对象、税率等税制要素的明确与适用是一个税种有效实施的基本条件。在数字经济背景下，数字技术引发生产方式、经营模式、链条体系、组织形态等方面的一系列变化，而现行各税种税制要素的规定主要是基于工业经济的运行模式、运行规律设计的，不能囊括或不能完全适用于新的经济形态，因而会出现税制规定缺位的情形。

（1）数字技术推动产生新的经济活动、新的交易内容和交易模式，如虚拟货币、虚拟财产及其交易等。"新经济"活动缺乏相应的税收政策与制度规定，是否适用以及如何适用现行税收征免规定，缺乏明确性。典型的如在交易中使用比特币，是按货币处理还是按实物交易处理，缺乏明确的规定。①

（2）新经济、新模式运行中产生了不同以往的新的收入方式、收入形式、收入渠道和盈利模式，无论是增值税还是所得税都或多或少地缺少对"新形态"下的收入性质、收入归属、收入计量、收入地点等相应具体规定。尤其是在新经济新模式中消费者直接或间接参与生产经营活动，出现消费者、生产者、经营者相互供给，各取所需，形成共同价值创造，经济活动中纳税人身份及其收益性质和数额如何确定，在现行制度规定中也没有明确

---

① 该问题在 2021 年 9 月人民银行等监管部门下发《关于进一步防范和处置虚拟货币交易炒作风险的通知》之后，由于禁止使用虚拟货币交易，目前来看，似乎已经不会造成相应的税收问题，但类似的交易还存在。

的答案。

（3）互联网技术支持的线上销售，消除了时空限制，具有更强的流动性、隐匿性，基于税收属地管理的征免对象确定、纳税主体身份识别、纳税地点认定、主管税务机关归属都遇到了识别（确认）依据不充分的问题，同时由于注册地与经营地的可分离，也为经营者选择纳税地点提供了机会。这方面的典型问题是无需线下注册的线上经营主体的税收问题。

（4）数字技术的应用模糊了经营主体的业务边界，出现了不同性质业务的融合、服务业务与生产业务融合、线上业务与线下业务融合、传统业务与数字业务融合等新的情形，不仅纳税人的确定或判别有时会缺乏明确的依据，基于交易性质而进行的征收项目归属、收入分类、收入性质等确认同时也会存在依据不足的问题，进而征税对象界定、税目适用、税率适用以及计税依据确定，都难以有效地依照现行税制各税种要素规定进行准确的运用。这方面典型的问题是平台经济中个人所得的性质归属问题。

（5）课税范围界定、计税依据确定是征税的基础，在数字创造价值、数字产生虚拟财产、数字化虚拟交易的情况下，"虚拟"的多样化、个性化、差异化，在课税范围的划分、课税依据计量等方面适用现行税制的基本规定存在一定困难。

2. 税收管辖权确定的挑战

传统的税收管理按照属人属地原则以物理载体、物理存在作为经济联系的依据确立税收管辖权。但现实经济活动中数字技术使许多经营活动中的"人"和"地"不再通过物理载体形成经济联系，传统经济下国家之间、地区之间的税收利益分配格局被打破，出现地域倾斜，其核心问题是数字经济下的数字联结部分取代了物理联结，税收管辖权的确定基础发生了变化，税收管辖权的适用性、有效性受到挑战。

首先，居民税收管辖制度对于法人居民身份的判定主要采取注册地标准和实际管理机构标准。数字技术赋能和网络化运行的便利条件使得企业管理、服务弱化了空间限制，跨境管理、跨境服务、跨境交易变得更容易，管理机构、管理人员与经营地、经营场所可分离，跨国企业可以基于税收利益选择注册地、管理机构所在地，可以不在相应地区设立管理机构对企业经营进行管理和控制，从而规避特定地区的税收管辖。

其次，地域税收管辖权通常基于常设机构原则判定所得来源地。数字技术的广泛应用，很多情形下的跨境经营活动通过网络即可完成各类交易手续、交易内容，而不再通过设立机构、场所等实体展开相应业务，特定的研发、咨询、销售等服务项目以及数字产品的交易具有更强的网络化操作条件，这使得判定所得来源地的常设机构原则的适用性和有效性受到削弱。

（二）税收征管的适应性和有效性

数字经济快速发展，使得税收征管面临数字技术广泛运用带来经济活动的巨大变化，虽然税收管理部门也在不断提高数字化的水平，但从税收征管对数字经济迅速发展的适应性和有效性来看，仍然存在一定的挑战和问题，需要在税收征管改革中进一步完善。

1. 系统集成的征管理念有待完善

从数字经济的角度来看，深度融合是发展的重要趋势，因此，数字经济下的税收征管工作需要具有更强的系统集成理念。从当前看，数字技术为税收征收管理中的服务、监管、执法、共治等提供了先进的技术手段和融合机制，税收征管中服务、监管、执法等已经逐步构成一个相互衔接、互为支撑、有机融合的税收治理体系，但仍然有一定的提升空间。首先，在征管的服务与管理关系中，管理与服务协调融合度还有待提升，管理与服务还没有充分利用数字信息技术提供的融合统一最大可能性空间。其次，在征管实践中，随着现代数字信息技术、先进设备的使用，越来越多地依赖技术、信息，强调技术与设备的数字化，强调机器提供服务，有时忽视了人在数字化当中的作用，忽视了服务应是"人对人"的服务。最后，征税人与纳税人信息化、数字化税务管理存在着不同步现象。从信息技术、数字技术的运用看，很多时候，不是纳税人经营活动的运用走在了税务管理的前面，就是税务机关税务管理的运用走在了纳税人的前面；这样形成了税务机关税务管理与企业税务管理数字化水平不对接，难以形成高效集成的税务管理格局和机制。

2. 税收征管有效实施的法律基础有待补充

（1）税收征管的税制基础出现缺漏。现行税制有关纳税人、征收范围等基本税制要素规定滞后于新商业模式的发展，在现行规定无法准确适用的情况下，税务机关的税收监管、税款征收失去了坚实的法律基础，有些经营活动缺少征收依据，甚至游离在现行税收管理法律范围之外。

（2）税收属地管理操作困难。首先，数字计算、数字产品、数字服务提供以及电子商务活动，其经营活动发生地、税收管理归属地按照现行规定存在确认困难和无法确认的问题，一些特定经营活动出现相关各地税务机关"都要管""都不管""都无法管"的情形。

（3）现行征管措施有效实施的法律依据不足。一是在以平台经济为代表的新商业模式、新交易方式下，经营主体的新特点使得税务部门在信息采集、税款征缴等方面遇到困难；平台企业全面掌握经营者的交易信息、交易状况，在现有条件下，税务机关通过平台企业采集信息、委托平台企业扣缴税款是行之有效的方法，但缺乏采取相应措施的法律依据。二是将一些具有先进性的数字技术、数字化手段运用在税收监管、税款征收中能够有效提升征管技术水平、提升征管效能，但一些新措施新方法的使用尚缺乏明确的授权。

3. 税收征管技术的先进性有待提升

国内外现有的研究都表明，大数据、区块链、云计算、人工智能等新一代信息技术的融合与应用为税务部门的税收征管提供了技术支撑和便利条件，相较于传统的手工操作、电子化操作的征管方式，税收征管技术得到了极大的提升，但税收征管技术提升仍有较大提升空间。一是在企业经营管理数字化、网络化、智能化增强，数字创造价值成为趋势的情况下，从整体来看，税收征管的数字化、网络化、智能化运用仍落后于数字经济领先企业经营活动的运用程度。二是涉税信息处理和分析能力有待提升，虽然收集了海量的税收大数据，但不少领域的涉税信息获取还处于"提供、收集、采集"模式，没有形成"自动搜集、归集、汇集"模式，同时对现有的税收大数据有待进行深入分析，提升数据的有效利用程度和发挥数据的潜在功用。三是先进的数字技术在基层的税收服务、监管、征收等方面运用程度有待提高，基层税务机关掌握先进现代数字信息技术的复合型税务管理人员还相对短缺。

（三）数字经济下的收入分配问题

新经济、新业态、新模式在推动数字经济快速发展的同时，也带来了收入分配格局的变化，产生了新的收入分配问题、税收利益分配问题。

（1）收入分配的新问题，现阶段典型地体现在个人收入分配上。首先，新商业模式产生的收入聚集效应，典型的现象是一批网络主播、网络明星在短时间内取得超高收入，产生引人注目的收入差距。数字经济发展中出现的新收入分配问题对调节个人收入分配提出了新课题。其次，在网络直播、流量营销等经营模式下，个人通过收入分成、广告分成、打赏等新形式取得收入，税务机关对有的收入不能准确掌握收入信息，有的收入不能准确判定收入性质，有的收入税法缺乏课税的明确规定，使得个人取得的一部分收入未征税或未能准确征税。如何有效地对个人取得数字经济的各类收入进行有效的税款征收，对个人所得税改革完善提出了要求。最后，一部分个人在征纳双方信息不对称、税法规定不明晰的情况下，利用新技术、新型交易方式等避税，或直接偷逃税。如何有效监管和打击数字经济发展中不合理避税、偷逃税行为，促进税收公平，减少税收流失是自然人税收征管中需要解决的新问题。

（2）产生新的地区税收利益分配问题。线上销售服务、货物，削弱了过去实体店销售的物理空间限制，加之网络销售容易产生的垄断、品牌效应，经营活动的销售收入和税收收入都产生了聚集效应，收入向特定的地域、经营者聚集，打破了过去形成的地区税收利益格局，产生了新的区域税收收入分配问题。随着线上销售模式的优化以及物流环节的完善，线上销售逐步被消费者广为接受，大量交易逐步从线下销售机构、分支机构、管理机构转移到线上进行，越来越多的企业通过网络进行远程服务与货物的销售，越来越多的税款缴纳至企业注册地。研究发现，数字经济扩大了地区间税收收入的差距，并且对数字经济发达的地区有更强的税收收入推动作用，北京、上海和广州等东部省份是税收收入主要流入地，而四川、河北以及河南等中西部省份是税收收入主要流出地。

（四）数字经济税收问题的实践分析——以互联网销售为例

互联网销售是数字经济的重要组成部分，也是数字经济税收问题的典型行业。笔者通过对某市税务局对互联网销售企业进行模型分析，得到了以下结论。

1. 互联网销售行业的税收不匹配现象较为明显

在数字经济持续推进科技创新、制度创新和商业模式创新的同时，其跨界融合广、业务流动强、交易留痕难等特点，也不可避免给税收征管带来新的冲击与挑战。在充分激发市场活力、落实包容审慎监管的前提下，数字经济与税收征管之间的协同与匹配问题依旧不容忽视，诸如互联网销售的税收遵从度有待提升现象，以互联网销售行业的增值税实际税负率（增值税应纳税额占销售额的比率）为例，互联网批发零售的增值税实际税负率与传统批发零售行业的实际税负率存在着一定的差距，需要深入研究存在差距的原因和对策，为提高日益蓬勃的数字经济新兴行业的税收遵从度提升起到引领示范作用。

2. 发票电子化和规范化有效促进税收匹配度提升，但仍存在虚开隐患

从增值税专用发票使用情况来看，随着互联网销售企业的增值税专用发票开具份数比例的上升，可以观察到税收遵从程度随之上升，当增值税专用发票开具份数比例在 50% 以上时，企业违法违规风险下降明显。可以通过对数字经济企业发票使用的规范化监督和引导，有助于提高税收遵从，推动税收治理从"以票管税"向"以数治税"转变。

从电子发票开具份数情况看，近年来，无论互联网销售企业电子发票开具份数比例，还是使用电子发票的互联网销售企业比例，均明显上升，使用电子发票的企业税收遵从度与整体企业的税收遵从度相比明显提高。总体而言，互联网销售企业的发票电子化程度与数字化进程同频共振，带动税收遵从度的持续提升。

3. 数字经济领域小微企业集中活跃，但税收遵从度需要关注

作为新业态、新模式的孵化池与培育园，互联网销售领域商业生态欣欣向荣，中小企业特别是小微企业①高度集中、交易活跃，值得关注。

从企业数量来看，2019 年小微企业普惠性税收优惠政策实施后，"春雨润苗"下的小微企业数量迅猛增长，互联网销售领域的小微企业数量占比超过八成，利润实现稳中向好。互联网销售领域的小微企业虽然在数量和效益方面增长向好，但税收遵从度需要关注。从横向对比看，小微企业税收遵从度显著低于整体互联网销售行业。

三、数字经济对国际税收规则及发展的挑战

（一）数字经济对国际税收格局的冲击

在数字经济兴起之前，根据传统的国际税收规则，来源国主要基于常设

---

① 指享受增值税小微企业优惠政策或企业所得税小型微利企业优惠政策的相关企业。

机构原则、独立企业原则和独立交易原则对来源于本国的利润进行征税。许多国家以降低税率等方式进行国际税收竞争，吸引国际资本流入，使得税收收入从高税率国家流向低税率国家，不仅导致国际税收利益分配不平衡，还产生国际税收流失问题。数字经济的发展，削弱了传统国际税收三项原则的效力，国际税收格局不平衡和税收收入流失的问题更加严重，加剧了数字企业与传统企业之间的税负不平衡。据欧盟委员会统计（European Commission，2017），传统企业的平均有效税率为23.2%，而数字企业仅为9.5%，远低于传统企业的税负水平。为了减少因现行国际税收规则漏洞而导致的问题，不少国家决定开始征收数字服务税，但这种单边举措加剧了国际税收竞争，激化了各国政治与经济利益上的矛盾，对国际税收传统格局造成相应挑战。

（二）数字经济国际税收"双支柱"方案改革

为了应对数字经济带来的税收挑战，2015年提出这一问题以来，OECD就开始研究应对方案（OECD，2015），在多方反复博弈之后，在2021年10月经各方同意，发布了关于"双支柱"方案的声明，[①] 其中，支柱一主要侧重于解决新征税权与利润的重新分配问题，旨在通过重新划分征税权和可征税利润，以达到平衡各国税收利益分配的目的。支柱二的重点在于建立全球最低税制度，希望借此解决税基侵蚀与利润转移问题。截至2024年12月，BEPS包容性框架成员国中超过140个成员就"双支柱"解决方案达成共识。据估计，支柱一方案的有效实施每年将为市场国带来超过1250亿美元的税收收入，支柱二方案的有效实施每年将为全球带来大约1500亿美元的税收收入，其中大部分税收收入将会被分配给收入来源国。因此，随着双支

---

① 2021年10月包容性框架关于"双支柱"方案的声明，参见 https://www.oecd.org/tax/beps/statement-on-a-two-pillar-solution-to-address-thetax-challenges-arising-from-the-digitalisation-of-the-economy-october-2021.htm。

柱方案的落实，数字经济带来的国际税收利益分配不平衡的问题将得到一定程度的改善。

（三）国际税收新变化面临的问题

有不少观点认为，"双支柱"方案可能只是象征性的政治共识，其并不能够解决数字经济带来的影响和问题。对于已经开征数字税等单边措施的国家而言，许多国家承诺支柱一生效后将会取消数字服务税等单边措施（European Commission，2021）。然而，OECD 推出的"双支柱"方案的落地措施或许过于理想化，并未充分考虑各国的实际发展情况。尤其是发展中国家，相比于税基侵蚀和利润转移他们更在乎的是税基过窄和税源不足等问题。此外，在传统的税制框架下，发展中国家一般可以通过税收优惠来吸引外资，但"双支柱"方案中"全球最低有效税率"的实施可能会削弱现有税收优惠的效力，最终导致发展中国家的利益难以保证。

随着国际税收协调与合作的不断深入，为了保障本国的税收利益，对于"双支柱"方案中大量悬而未决的问题，各国必然会加剧在征税规则制订权方面的竞争。即使"双支柱"方案的内容得以确定，如何解决各国征管能力的差异以及与各国的国内法进行衔接仍是目前需要考虑的重要问题。

虽然"双支柱"方案被有关专家认为"方案繁、协调难、落地悬"，但如果"双支柱"国际税收改革方案得以实施，将会产生巨大的影响。首先，支柱一的实施会增加部分跨国大企业的税负、合规成本和遵从成本，并且随着适用门槛的降低，会有更多企业被纳入征税范围。其次，支柱二中的 GloBE 规则规定了全球最低有效税率为 15%，尽管我国企业所得税名义税率为 25%，远高于 15%，但因大量税收优惠政策的存在，使得部分企业的实际有效税率可能不足 15%。这两种情况是我国在制定数字经济税收政策时需要考虑应对的问题。

四、数字税收制度建设及发展

（一）数字税收制度建设的原则

数字税收制度建设是一个长期的过程，具体的措施需要在实践中不断摸索。事先确定相应的原则作为数字税收制度建设的指导准则和判断标准，能够尽可能地在大方向上避免实践中的误区，降低政策试错的成本，从而加快税收制度建设与完善的进程，在数字经济税收制度建设中应坚持三个原则。

（1）效率与公平兼顾。伴随着数字经济的深入发展，在不同阶段、不同领域，需采取不同政策，有些需要通过政策激励，提高效率，有些需要加强管理，促进公平。在促进数字经济发展的政策中，一方面要促进"数字产业化"范围内的数字经济各类企业的发展，另一方面还要考虑"产业数字化"中的企业需求，尤其是推动传统行业企业的数字化转型、个人生活数字化渗透的政策，例如在人工智能领域的发展中，要同时针对人工智能生产企业、人工智能使用企业提供政策激励，从供需两端发力。针对个人生活的数字化程度提高的发展趋势，可以设计若干合理促进数字化消费的个人所得税扣除项目，推动应用场景的发展。

（2）规范与发展并重。规范管理是将数字经济税收政策相关事项纳入税收管理，在数字经济税收领域也要有"红绿灯"，对于目前数字经济领域已经基本明确的税收事项，要明确相应主体及其相应的税收责任，例如要明确除了履行自身的纳税义务之外，信息报告义务也是相关涉税主体的纳税义务。对于打着税收筹划旗号损害税收利益的行为，要坚决出台明确的政策制度堵住漏洞。只有在规范管理的基础上，将数字经济的发展纳入税收管理的"笼子"，数字经济税收才不会野蛮生长。对于尚不熟悉的数字经济创新活动，在不造成较大的税收损失的前提下，采取包容性的态度，允许"法不禁止即可行"。

（3）制度和技术并行。要认识到数字经济深度融合的特点，基于数字经济税收管理的技术可行性进行税收政策的针对性定制和创新。数字技术及其应用形式多样、发展速度快，税收政策要助力数字经济做强、做优、做大，需要精细化、个性化的政策设计，这一要求在传统经济时代由于管理技术限制而存在政策风险而无法做到，但目前我国的税收管理的数字化水平已经具备一定的基础，完全可以探索数字经济所需要的精细化政策，使之更适合数字经济企业的经营特征和发展需要，"设计与施工并行"，在税收管理可以支撑的边界内，设计有利于数字经济发展的税收政策。

（二）数字经济税收问题的解决思路

数字经济发展带来的税收问题，要求对现行税收制度和政策进行面向数字化转型的改革和完善。通过深入分析数字经济发展引起的税收制度及税收征管不适配现象，我们大致可以将这些问题分为三类。

第一类问题，需要进一步明确政策和管理要素予以解决。例如直播带货的电商销售是否需要纳税，数字化产品是按销售商品还是按销售服务纳税；又如平台经济引起的跨区域税收分配问题，如何纳税、是否需要进行信息申报等。这一类问题产生的主要原因是在现行制度中有方向性的政策，但没有明确的规定。在征纳双方税收法治意识不断增强的背景下，没有明确的法律依据，征纳双方有"理"无据，导致纳税人知道"应该缴"，但不知"如何缴"；税务部门则知道"应该征"，但不知道"如何征"。这些问题在现行税制框架内加以明确就可以解决。

第二类问题是数字经济挑战下需要对现行税制进行适应性改革和完善。例如 OECD 在应对数字经济税收问题的研究报告中指出的，数字经济商业模式分成价值链、价值网络、价值商店，这就让我们思考，目前的增值税基于链条的税制设计，是否在价值网络、价值商店这两种模式下可以适配？除了面临的新经济新模式税收问题之外，这或许是目前感到增值税深化改革略显艰难的更深层次原因，也是学术界提出类似零售税、平台税等税制改革想法的来源。这些问题是属于"因变而变"的需要，即传统的管理对象发生了变化，税制也需要相应的变化。

第三类问题是数字经济发展中出现的崭新问题，需要深入探索解决。当前最典型的应该是针对数据要素的税制设计。作为新生产要素的数据要素，应该有什么样的税收政策，甚至是什么样的财政制度，是否需要不同于土地、资本这些传统要素来构建一个适配数据的财税制度？当然，税收制度作为上层建筑，需要在数据要素流通和使用制度的基础上加以构建，但税收制度的提前介入和激励，或许是数据要素市场健康有序发展的一个契机，尤其数据要素市场是前所未有的新事物，当前的市场经济制度没有可供借鉴的经验，数据要素市场在产生税收问题的同时，也为我们探索其中的税收制度提供了领先其他国家的机遇。

对以上分类进行梳理和应对，有助于认清问题的性质，分别应对，以形成一个短期措施和中长期改革相结合的框架，逐步建立起与数字经济发展适配的税制体系。

（三）适应数字经济的税制改革与创新

1. 匹配数字经济的增值税改革

第一，明确数字产品和服务的界限，明确课税主体、征税对象、税率等税制要素的适用；同时逐步缩小销售货物与服务的税率差。第二，在明确平台负有提供交易信息义务和征管技术条件具备的前提下，明确依托平台的经营主体，无论单位和个人的销售行为，无论以何种方式、渠道取得的全部收入均应按照相应销售项目确认为销售或视同销售纳税，如直播带货、提供数字化服务。第三，对于个人提供属于销售货物、服务等延伸服务的，应依据穿透原则，对销售货物、服务方一次性征税；由相关平台统一提供服务的，对服务平台一次性征税。第四，对于数字经济中供需双方共同创造价值的经营活动。在价值属性、价值分割等条件不成熟的条件下，宜按照传统的方式课税，条件成熟时再进行相应的完善。第五，研究数据市场交易、虚拟财产交易等新的交易行为的交易性质、税基确定等基本问题，为科学合理设计课税机制奠定基础。

2. 匹配数字经济的所得税改革

（1）个人所得税制度的改革完善。基于法律明确规定各类平台提供者向税务部门提供全部个人交易信息的基础上，对个人所得税制度进行改革与完善。

首先，明确个人提供网络服务、提供数字产品与服务的收入性质和适用税目归属，性质复杂、划分确实有困难的，以税负从轻原则确定收入的性质和归属。明确与经济活动相关的以各种方式、各种形式取得的经济利益均属于个人收入范围。

其次，逐步完善税率结构，均衡各类所得的税负水平。缩小个人取得工资薪金、劳务报酬等不同所得类型的税率差异，包括社会保险等关联缴费带来的差异，如灵活用工平台中工资薪金支付和劳务支付的不同社会保障缴费要求，结合劳务用工模式适当均衡缴费负担。同时，结合个人所得税征管制度完善，优化经营所得税率结构，均衡经营所得与其他项目所得的税负差异。作为配套措施，对年收入规模较大的个体户、个人独资企业不再实行核定征收方式。

（2）企业所得税制度改革与完善。企业所得税的改革完善，除需要结合"双支柱"方案推行情况，在遵循国际普遍适用原则的情况下对常设机构、预提所得税制度等进行改革完善外，国内税制改革完善的重点在于数据资产等创新业务的税务处理，涉及数字经济一系列创新业务的税务处理需要结合财务会计制度的制定与完善进行，是一个较为复杂的工作，应积极推动，慎重出台。

3. 匹配数字经济的税收制度创新

（1）研究设计开征数据税、数字服务税的可能性和可行性。数字经济是以数据为核心要素的新经济形态，在完善现有的制度的基础之上，针对数据要素的税制创新设计是必不可少的。首先，研究探讨设立数据税的可能性与可行性。在数字税收体系的构建中，可以探索建立针对数据要素的"数据税"，尤其是针对数据富集型的企业，可以通过对数据征税，寓治理于税收，推动新经济、新模式的治理。其次，研究探索数字服务税征收的可能性与可行性。数字服务税与数据税既有联系又有区别。目前，法国、英国、奥地利、意大利等国家已经开征了数字服务税，还有一部分国家虽然尚未开征此税种，但也制定了相关的税收方案，准备适时征收数字服务税。我们认为，我国应在完善增值税制度的基础上尽量将数字商品和服务适用现行增值税征收办法纳税，在数字服务不适宜征收增值税的情形下，研究数字服务税征收的可能性和可行性。

（2）实施推动技术创新的税收政策。我国应在现行鼓励企业研发投入、基础研究投入优惠政策的基础上，基于数字技术应用的特点，不仅支持激励企业研发、科技投入，还要鼓励新技术应用，以推动数字技术的更广泛运用和数字经济的持续发展。例如，在中小数字经济企业中试行新的税收激励政策，进一步实施鼓励数字经济高科技人才的税收优惠政策等。

4. 创新财税制度，平衡地区间税收利益

经济与税收的集聚效应是一直存在的，只不过数字经济的发展使其更加突出。因此，数字经济发展中的地区税收收入不均衡问题不应也不能完全依靠税收制度及征管方式的改变与调整予以解决，否则只能使税收制度及其征管方式进一步复杂化。我们认为，这一问题的解决主要通过财税体制的改革完善与创新来解决，主要有两种思路。

（1）优化转移支付制度，完善现行财政管理体制。可以在收入分享办法不变或适当微调的情况下，主要通过转移支付方式，解决地区税收收入不均衡问题。同时，中央财政通过专项投资、专项转移支付方式增加对经济欠发达地区、数字基础设施落后地区的新基础设施建设，弥补"数字鸿沟"，提升数字化水平，为欠发达地区发展数字经济提供更好的条件。

（2）建立"直接征收＋税收分成"模式均衡地区财力。在现行的分税制框架内，尽量割断平台、企业、个人与地方税收之间的直接关联，对超过一定规模的平台、企业、个人，考虑由省级税务部门（或国家税务总局）直接征管。对税收收入可以考虑按照当地从业人员、实际投资等占比情况在注册登记地、经营所在地进行税收分成，或根据平台用户数量、各地销售额占比等因素分配，来自平台企业的税收收入在相关地区进行分成。

（四）积极应对国际税收规则变化

面对"双支柱"改革方案的不断推进，我国应积极参与"双支柱"方案细化过程，加强国际税收协作，同时从国家利益和企业发展的角度着重在以下三个方面积极应对。

（1）研究与确定国际税收"双支柱"改革方案接轨的国内税制改革指导原则，不仅要兼顾短期应对和中长期发展需要，还要统筹国际标准和中国国情，既要考虑 OECD 提供的修改模板，也要立足于我国国情和实践，要有利于中国社会和经济发展趋势，要尽量降低实施中征纳双方的成本，尤其是企业的合规遵从成本。

（2）在具体的"双支柱"政策的应对上，做好不同对策的影响研究。在支柱一方面，要客观分析我国企业落入范围内的跨国企业集团数量，预测经济发展态势和门槛调整情况下的影响，制定不同的国内法修改策略。短期内重点在于落实相关企业的遵从成本，避免由于合规造成的管理成本影响企业的竞争力。对于方案中重要技术细节进行相应的估算或测算，并在落地之后有相应的应对方案。在支柱二方面，考虑在企业所得税法中增加收入纳入规则的可行性及影响，评估全球最低税率 15% 规则对同时享受高新技术企业税收优惠、研发费加计扣除以及加速（快速）折旧等所得税优惠政策等企业的影响，做好应对之策。

（3）针对"双支柱"方案的争议预防和解决机制，加强研究和协商，以确保能充分代表和反映我国利益，保证程序的透明、公正与包容性，借鉴 BEPS 中的现有机制，提出监督各国提高落实"双支柱"方案的举措，并结合我国实践，研究创新性的解决方案。

（五）税收征管制度改革与完善

中共中央办公厅 国务院办公厅印发的《关于进一步深化税收征管改革的意见》（以下简称《意见》）明确提出了"十四五"时期深化税制改革的指导思想、工作原则、目标和主要任务。适应数字经济发展的税收征管改革应在《意见》提出的实现税收征管从"以票管税"向"以数治税"转变，建设智慧税务的大框架内，结合数字经济的特点，完善数字经济的税收征管机制。

（1）增强以"以服务纳税人缴费人为中心"的征管理念。数字技术提高了管理和服务的能力，以服务纳税人缴费人为中心，不是简单的服务管理方式数字化的变化，更是数字化支持下服务管理内容、质量和效能的提升。

（2）加快数字化税务管理方式的建设，加快推动税收征管数字化转型。数字技术带来的问题要用数字技术来解决，应推动以税收大数据、数字发票、税务数字账户等为核心支撑的智慧税务建设，提升税收征管的数字化、智能化水平，实现纳税人从"被动遵从"到"主动遵从"到"自动遵从"的转变。

（3）完善适应新经济商业模式的自然人税收征管体系。通过法律规定平台企业提供经营者交易信息的义务和责任，强化平台企业对个人支付的个人所得税代扣代缴义务，借鉴 OECD 税收征管 3.0 有关税收征管嵌入模式的经验，将税收征管系统嵌入纳税人会计系统或软件。

（4）明确规定涉税各方数据信息采集、应用的权利义务和责任，尤其是明确相关企业、机构提供涉税数据信息的义务和责任，以及政府部门、公共管理机构数据共享的义务与责任。

（5）提升基层税务机关数字化税收管理能力和水平。增加基层税务机关在数字化、智能化方面的投入，培养一批掌握数字化技术的高素质复合型人才，满足智慧税务建设、现代化征管对高素质人才的需要。

参考文献

［1］岳树民，谢思董，白林．适配数字经济发展的税制结构优化［J］．国际税收，2024（4）：3–9.

［2］中国税务学会课题组，汪康，庄毓敏，等．适应数字经济发展的税收制度建设与完善［J］．税务研究，2023（11）：94–98.

［3］European Commission. Tax Policies in the European Union Survey 2017［EB/OL］.（2017–09–30）［2021–01–15］.

［4］OECD. Addressing the Tax Challenges of the Digital Economy：Action 1–2015 Final Report［R］. Paris：OECD Publishing，2015.

［5］OECD. Taxation and Electronic Commerce—Implementing the Ottawa Framework Conditions［R］. Paris：OECD Publishing，2001.

［6］OECD. Tax Challenges Arising from Digitalisation—Interim Report［R］. Paris：OECD Publishing，2018.

第三章
数字经济背景下的税收
制度国际比较研究

数字经济的快速发展，改变了传统商业模式和价值链，对世界各国税收制度产生较大影响。为有效应对数字经济带来的税收挑战，世界各国以及许多国际组织开始探索适应数字经济发展的税收制度新模式。在此背景下，本章基于我国数字经济发展给税收治理带来的挑战，比较借鉴欧盟、美国等具有代表性的地区和国家应对数字经济发展的税收制度。

目前，世界各国在数字税收制度建设中存在着三方面的问题亟待解决。第一，数字资产以及数字产品和服务的课税对象、课税方式并不明确。第二，对于高度依赖数据要素和数字技术的新兴经济活动，尚缺乏与其相对应的税务处理规定。第三，对于经过数字化升级的传统产业，税务规定是否合理以及如何调整，需要明确。

数字经济是基于数字技术的应用而发展壮大的，在区分数字产品与服务的基础上，明确数字商品、加密资产、非同质化通证的范围界定、征税要件是对数字经济领域有效课税的基础和前提。因此，本章借鉴欧盟、美国等地区和国家在数字税收制度建设中的经验，从征税对象、征税要件两方面围绕加密资产、非同质化通证以及数字产品和服务的税务处理进行了比较分析。比较发现，各国对数字资产以及数字产品和服务的税务处理主要有两种方式。

第一种是采取"一刀切"的方式，将数字资产以及数字产品和服务统一视为服务，简化税务处理。第二种是将数字资产以及数字产品和服务与性质相近的传统产品进行比较，按照性质相近原则进行税务处理。对于数字产品和服务的税率、税收优惠、征税时间和地点等征税要件的相关税务规定因国而异。对加密货币和非同质化通证等数字资产的征税要件规定主要有两种方式。第一种方式是将数字资产纳入现行税制中，根据数字资产的性质对其征收增值税、财产税、所得税或资本利得税，并按照不同税种适用不同的征税要件；第二种方式是设计开征数字资产税或数字资产挖矿税，并设计新的征税要件。

税收制度是国家各种税收法令和征收管理办法的总称，是以法律形式规定对什么征税、征多少税等，因此，本章基于税收制度建设的角度，从征税对象、征税要件两方面围绕数字产品、数字服务、数字资产的税务处理进行国际比较。

一、征税对象的范围界定

（一）数字产品和服务的定义与区别

明确数字产品和服务的概念是对其征税的基础与前提。工业经济时代，产品与服务较易区分，一般认为有形货物的交易即为产品交易，除产品交易之外的交易是服务交易。数字技术的应用，促进了产品与服务相互融合，二者之间的界限愈发模糊，使传统判别方式不再适用。尤其是当不同类别的数字产品和服务与不同的交易主体、对象、方式、地点等税制要素相结合，可能会产生多种交易情形。而这些不同交易又可能会涉及不同的税收政策、归属不同的税目、适用不同的税率，增加了税收征管难度。

迄今为止，世界各国对数字产品和服务的分类尚未达成共识。如美国对数字产品的分类呈双重态度,① 在国际贸易中一直坚持将数字产品归为"产品",但在国内法中却未明确规定数字产品属于产品。② 欧盟则将数字产品和服务统一归为"服务",征收增值税。③ 造成分类差异的根本原因是利益和立场不同。

2019 年,美国出台《数字产品和服务税收公平法案》(Digital Goods and Services Tax Fairness Act of 2019)④,分别对数字产品和数字服务给出定义。⑤ 同年,欧盟发布 (EU) 2019/770 号《关于提供数字内容和数字服务的部分合同的指令》⑥,该指令为数字经济发展提供了重要的法律规范。⑦ 随后,欧盟又出台 (EU) 2019/771 号《关于产品采购某些合同方面的指令》,

---

① 美国作为跨境电子商务领域中净出口规模最大的国家,在世界贸易组织 (WTO) 谈判中主张将数字产品归为"货物",以适用《关税与贸易总协定》(General Agreement on Tariffs and Trade, GATT),从而促进数字产品贸易自由化,为数字产品争取更多的关税减免和优惠待遇,消除数字产品的贸易壁垒,推动数字产品的跨境流通和交易(谭观福,2021)。然而,这一立场与美国国内法的一些规定存在不一致。例如,美国《统一商法典》中对货物的定义是"在销售合同确认时可移动的物品""存在并能够识别的物品",显然该定义不包括没有实体存在的数字化信息产品。

② 资料来源:Uniform Law Commission. Article 2 - 105. Definitions:Transferability;"Goods";"Future" Goods;"Lot";"Commercial Unit". https://www. uniformlaws. org/acts/ucc。

③ 与美国相反,欧盟为了保护本地区数字产业的发展,给当地数字科技企业留下生存和发展的空间,希望 WTO 对数字产品的贸易自由化程度进行限制。欧盟认为《关税与贸易总协定》仅适用于具有物理存在的数字产品,而以电子方式交付的数字产品属于服务,应适用《服务贸易总协定》(The General Agreement on Trade in Services, GATS)。

④ U. S. CONGRESS GOV. Digital Goods and Services Tax Fairness Act of 2019 [EB/OL]. (2019 - 03 - 13) [2023 - 08 - 19]. https://www. congress. gov/bill/116th-congress/senate-bill/765/text。

⑤ "数字产品"是指以电子方式交付或转移的任何软件或其他产品,包括以数字格式保存的音频、图像、数据或其组合;"数字服务"是指以电子方式提供的任何服务,包括提供数字产品时的远程访问和使用服务。

⑥ European Parliament and of the Council. Directive (EU) 2019/770 of the European Parliament and of the Council of 20 May 2019 on certain aspects concerning contracts for the supply of digital content and digital services [EB/OL]. (2019 - 05 - 20) [2023 - 08 - 19]. https://eur-lex. europa. eu/legal-content/EN/TXT/? uri = CELEX:32019L0770#ntr3 - L_2019136EN. 01000101 - E0003。

⑦ 该指令规定,"数字内容"是指以数字形式产生和提供的数据;"数字服务"是指允许消费者以数字形式创建、处理、存储或访问数据的服务,或者允许消费者与其他用户上传或创建数字形式的数据共享或进行其他交互式服务。该指令在对数字服务和数字内容的界定上并未严格区分,而是将它们看作相辅相成的概念,主要包括视频、音频文件、数字游戏、电子书或其他电子出版物、软件运营服务(SaaS)等领域。

规定"具有数字元素的产品"是包含数字内容或数字服务或与之相互关联的任何有形可移动的物品，将产品概念进一步明确。①

可以发现，尽管欧盟与美国在界定数字产品和服务时存在一定分歧，但双方都一致认同产品应当是实际存在且可移动的物品。它们希望通过合理拓展传统产品的概念，将数字产品纳入现有法律框架之内，以使传统的税收制度和征管机制在数字化环境中依然适用。然而，数字产品和服务的种类复杂多样，许多高度依赖数字技术的新兴产品或服务往往难以准确区分。因此，欧盟试图概括数字内容和服务的特征，倾向于通过统一规则来简化税务管理；美国则更强调地方自治和灵活性，各州政府都有权制定本地区的销售税政策。这两种方式都具有优点，但长期看欧盟统一的方法无法充分考虑各个业态之间的差异，可能不利于税收公平，导致一些新兴业态面临不合理的税收负担或优惠。美国的方法更能反映地方特色和需求，但也增加了税务管理的复杂性和执行难度。

（二）加密资产的概念界定及分类

近年来，加密资产市场发展迅猛，在金融投资、艺术投资和跨境支付等多个领域都展现出巨大的应用潜力。随着加密资产在全球经济中的重要性日益增加，越来越多的国家和国际组织开始推出针对加密资产的税收政策，确保在促进加密资产市场健康发展的同时，保障国家税收收入和消费者权益。

自 2008 年比特币（Bitcoin）出现以来，关于其所代表的加密资产的准确定义一直存在争议。② 直到 2022 年，OECD 发布的《加密资产报告框架和

---

① European Parliament and of the Council. Directive（EU）2019/771 of the European Parliament and of the Council of 20 May 2019 on certain aspects concerning contracts for the sale of goods［EB/OL］.（2019 – 05 – 20）［2023 – 08 – 19］. https：//eur-lex. europa. eu/legal-content/EN/TXT/？toc = OJ%3AL%3A2019%3A136%3ATOC&uri = uriserv%3AOJ. L_. 2019. 136. 01. 0028. 01. ENG.

② 在不同的时期和应用场景下，加密资产的称谓也不断变化。在 2014 年以前，人们普遍将这类资产称为"虚拟货币"；2014～2017 年，随着技术和市场的发展，"加密货币"和"数字货币"术语在一些特定场景下逐渐被接受；在 2017 年之后，各国加大了对加密资产的政策研究和监管力度，"虚拟资产""数字资产"和"加密资产"等名词开始在各国政府的官方文件中得到普及和应用。

共同报告标准修正案》中才正式提出加密资产的定义。加密资产是指依赖于密码学和分布式账本技术，特别是区块链技术，并且不需要依赖传统的金融中介机构或中央管理员，可以以去中心化的方式发行、记录、转移和存储的数字资产，主要包括加密货币和加密通证等。[①]

有关加密资产的分类，一些国家的监管机构已达成共识，将加密资产分为支付或交换型代币、实用型代币以及证券型代币[②]三大类别（OECD，2020）。但在实际操作中，某些代币可能同时具备上述类别中的多重属性。对这种兼具多重属性的"混合代币"，它们所关联的法律义务是叠加的还是根据其主导属性来定义，[③] 目前尚存在争议（Blandin et al.，2019）。

（三）非同质化通证的定义与属性分类

非同质化通证（non-fungible token，NFT）是基于区块链技术的一种独特且不可替代的代币，其本质是区块链上一组加盖时间戳的元数据（余鹏峰和张佳莉，2023），是具有唯一性特点的可信数字权益凭证（王宝顺等，2023）。非同质化通证具有金融、社交、收藏等多种属性，因此，在对 NFT 征税时，应当明确其属性，并据此制定相应税收策略。目前，世界各国对 NFT 的税务处理方式并不统一，其中美国、欧盟、印度等国家或地区已经发

---

① 与 NFT 不同，虽然加密资产（crypto asset）也是基于区块链技的应用而诞生的数字资产，但二者之间存在着本质差异。从交换属性上来看，加密资产通常是可替代的（fungible），这意味着一单位加密货币（如 1 比特币或 1 以太币）可以与另一个相同的单位的加密货币进行等价交换。而 NFT 是非同质化的，不可与其他代币等价交换。从功能上来看，加密资产主要是作为价值存储或交换媒介，而 NFT 则是代表唯一且不可替代的数字资产或物品。

② 支付或交换型代币主要具有类似于货币的功能和作用，用于日常交易或作为价值存储手段。实用型代币则为用户提供某个特定平台或服务的访问权或使用权。而证券型代币更多地与投资挂钩，其价值通常与某种现实资产或企业的表现紧密相关。

③ 例如，当一种代币既拥有支付属性，又具备证券的特征时，不同的监管机构和法院可能会有不同的定义和处理方式。如果采用叠加法的观点，那么这种混合代币在法律上就必须同时满足证券法和支付服务法的要求。但如果是按照主导属性来判定，比如当该代币的主要功能更偏向于证券，那么它可能只需满足证券法的规定，而其支付属性则被视为附属功能。这些不确定性为征管实践带来了挑战，需要监管机构不断调整和完善政策导向。

布了针对 NFT 的具体税收指南，并确立了税收指导原则，但还有一部分国家尚未明确 NFT 的税收处理策略。

1. 美国基于 NFT 的不同属性制定税收策略

在美国"Friel v. Dapper Labs, Inc. et al"案件中，根据 Howey 测试[①]，NFT 被视为未经注册的证券。除此之外，NFT 也可以仅作为收藏品持有，美国国内收入局（IRS）采用了"透视分析法"[②]（look-through analysis）来明确此类 NFT。按照这一方法，只要 NFT 作为承载实物资产的数字所有权凭证，例如代表珍稀艺术品、珠宝或限量版纪念品的所有权，该 NFT 即被视为收藏品。但是，类似元宇宙中的"虚拟土地"不在此列。

NFT 还拥有社交属性。许多 NFT 平台旨在构建一个以用户内容为中心的自治社区，如 Decentraland 之类的平台不仅提供了 NFT 的交易市场，更为用户搭建了一个开放式的内容创作平台，促进了用户生成内容（UGC）的繁荣发展。但创建 UGC 与 NFT 本身不需纳税，只有出售 NFT 并获得收入才会触发应税事件。

2. 欧盟从增值税的角度对 NFT 进行分类

2023 年，欧盟增值税委员会发布了 1060 号工作文件，主要涉及 NFT 交易的增值税处理。[③] 根据实际业务的发生情况分为四类。第一，NFT 可以被视为一种产权证明。正如产权证书所代表的房地产所有权一样，它确认了某项资产的所有权，但本身并不是交易中购买的实体物品。第二，NFT 可被视

---

① Howey 测试是美国证券法中用于确定某项资产是否构成证券的测试。联邦最高法院确立了四个判断标准，即关于金钱的投资交易、投资必须发生在一个共同企业中、预期利润的期望、预期利润来自第三方的努力。

② 透视分析法主要应用于投资和税务领域，通过深入分析实体或金融产品背后的真实交易和收入来源，税务机关可以更准确地判定其税收属性。

③ EUROPEAN COMMISSION. VALUE ADDED TAX COMMITTEE（ARTICLE 398 OF DIRECTIVE 2006/112/EC）WORKING PAPER NO 1060［EB/OL］.（2023 - 02 - 21）［2023 - 08 - 22］. https://www.vatupdate.com/wp-content/uploads/2023/03/WP - 1060 - Commission-question-on-non-fungible-tokens.pdf。

为单一或多功能用途的代金券。① 第三，NFT 可被视为由数字代币和其相关资产组成的捆绑销售。第四，NFT 可被视为数字服务。欧盟在《增值税实施条例》中明确规定，数字服务应是高度自动化的、涉及最少的人为干预且必须依赖信息技术，而 NFT 满足以上条件。因此，比利时和西班牙等国将 NFT 纳入数字服务的范畴。此外，对于 NFT 交易是否构成知识产权转让，各国的法律规定和解释有所不同。②

3. 印度将 NFT 等虚拟数字资产纳入财产范畴

2022 年，印度《所得税法》第 56 条规定，将"虚拟数字资产"纳入财产范畴，但对于 NFT 的转让导致有形资产所有权的转变，并且这种转移是在法律上有强制执行力的，那么这种 NFT 将被排除在虚拟数字资产之外。③ 这反映出印度税务机关试图划清虚拟资产与实物资产的界限，以确保税收政策的适用性和准确性，避免双重征税，为投资者和市场参与者提供明确的税务指导。

4. 新加坡根据现有所得税制度对 NFT 征税

2022 年，新加坡宣布 NFT 交易将根据现有的所得税制度进行征税。当 NFT 交易涉及知识产权转让时，新加坡明确规定该交易必须按照版权法的要求，以书面合同的形式进行记录和确认。④ 除上述情形外，新加坡

---

① 当 NFT 作为可以交换的代币时，NFT 的所有者便可将其兑换为特定的产品或服务，并且在兑换后，NFT 将不再在市场上流通，此时 NFT 可以被视作单一用途的代金券（SPV）。如果 NFT 的所有者有权在不同产品或服务中进行选择，则 NFT 的功能和性质与多用途的代金券（MPV）更接近。

② 一方面，欧盟许多国家法律规定知识产权的转让必须以书面合同的形式进行。例如，荷兰和法国等国家法律明确规定版权的转让必须通过书面契约完成。而对于 NFT 中广泛使用的智能合约，其法律上的效力尚不明确。另一方面，由于 NFT 销售的通常仅是实物资产的数字所有权和使用权，很少将数字作品的著作权转让给第三方。因此，除非转让的权利范围足够广泛从而被视为知识产权转让，否则此类交易更多地被看作是提供数字服务。

③ 简而言之，如果 NFT 与有形资产（如房地产）相关联，则不属于虚拟数字资产。

④ 通常情况下，NFT 原始内容的创作者会保留数字资产的版权和所有权，NFT 买家并不直接获得与数字艺术品相关的知识产权，也不会拥有数字资产本身的实际所有权，更多是 NFT 创作者向 NFT 买家进行授予许可，允许他们在指定的期限内使用数字资产，以获得相应的费用或版税。

高等法院还在 Janesh s／o Rajkumar v Unknown Person 案例中裁定 NFT 可被视为财产。①

5. 韩国仅将具有支付功能的 NFT 视为虚拟资产

韩国是虚拟资产交易最活跃的市场之一。2020 年，韩国国会表决通过了《特定金融交易信息报告和使用法》（以下简称《特金法》），并将虚拟资产定义为"具有经济价值且可以进行电子交易或转让的电子凭证（包括与之相关的所有权利）"②。但此定义并不包括那些不能用于兑换货币、产品或服务的电子凭证。韩国金融服务委员会（FSC）表示，只有在 NFT 作为支付工具而非收藏品时，才会被视为虚拟资产，其他的 NFT 不属于虚拟资产。

6. 澳大利亚对 NFT 的税务处理遵循与加密货币相同的原则

澳大利亚税务局（ATO）表示，NFT 属于应税资产，其税务处理方式遵循与加密货币相同的原则。③ 具体而言，除了使用法定货币购买 NFT 无需纳税之外，使用加密货币购买 NFT、使用加密货币或法定货币出售 NFT、将一个 NFT 换成另一个 NFT 或可替代的加密货币、赠送 NFT 作为礼物等活动都需要缴纳资本利得税。

---

① 高等法院的决策是基于以下几个关键原则。第一，权利是清晰且可界定的。NFT 所依赖的元数据能够为每一个 NFT 提供了独特的标识。第二，资产的所有权能够被第三方确认，并且该所有者应具有排他性权利，使得其他人无法使用或从该资产中获益。第三，这些权利和义务能够由第三方接受和承担。第四，权利和资产应当具备持续性和稳定性的特征。基于这些原则，NFT 的购买、持有和转让均与财产相似，受到财产法律的约束和保护。

② Korea Legislation Research Institute. Act On Reporting and Using Specified Financial Transaction Information［EB／OL］.（2020 － 08 － 12）［2023 － 08 － 22］. https：／／elaw. klri. re. kr／eng_service／lawTwoView. do？ hseq = 28979。

③ ATO. Non-fungible tokens［EB／OL］.（2023 － 06 － 30）［2023 － 08 － 22］. https：／／www. ato. gov. au／Individuals／Investments-and-assets／Crypto-asset-investments／Transactions-acquiring-and-disposing-of-crypto-assets／Non-fungible-tokens／。

二、征税要件的税务规定

（一）数字产品和服务的征税要件规定

数字产品和服务的税务处理是一个复杂的议题，涉及技术、法律、贸易等领域。各国针对数字产品和服务也出台了较多税收政策，对税率、税收优惠等作出明确规定。

1. 数字产品和服务的税率

美国目前在对互联网销售的产品和服务征收销售和使用税的45个州中，已经有24个州通过了相应立法，其中一部分州对特定数字产品采用了标准化定义，包括数字音频作品、数字视听作品和数字图书等，但具体的税率和税收优惠情况仍因州而异。[1] 每个州都会根据本州经济发展和社会需求情况对产品和服务进行详细定义和分类，对于数字产品和服务的跨州交易，各州的销售税税率从1%至7%不等，具体税率由各州税收政策和数字产品类型来决定。

欧盟为协调成员国间的增值税制度，曾建议各成员国主要使用两档税率。第一档是标准税率，作为一般规则适用于大多数产品和服务业，其税率不能低于15%。第二档是低档税率，通常情况下不适用于以电子方式提供的服务，[2] 但

---

[1] 例如，一部分州只对特定的服务征税。这些服务大致可以归为六类：（1）《跨太平洋伙伴关系协议》（TPP）框架下的服务；（2）与不动产相关的服务；（3）商业服务；（4）个人服务；（5）律师、医生、会计师等提供的专业服务；（6）娱乐服务。

[2] 在2000年，欧盟理事会通过2000/31/EC指令将在线销售商品纳入了"信息社会服务"的范畴。该指令有利于促进电子商务在欧盟内部健康、有序发展，确保所有在线交易都受到法律保护。随后，在2006年，欧盟通过2006/112/EC指令进一步明确了增值税法的相关规定，并正式提出了"以电子方式提供服务"（ESS）的概念。这一指令不仅规定了对电子服务的增值税征管方式，还明确了哪些服务属于电子服务，有助于促进各成员国在增值税征管实践中的统一和协调。在此基础上，欧盟理事会于2011年实施了（EU）282/2011号条例，明确数字化产品也属于服务，同时将一些数字服务进行了详细的分类。

与医疗、文化和建筑等特定领域有关的电子服务除外，税率通常不得低于5%。此外，有些成员国还对某些特殊的产品和服务实施了低于5%的超低税率或零税率，以保障特定社会需求和公共政策目标的实现。

2. 数字产品和服务的税收优惠政策

欧盟为鼓励阅读和文化传播，明确规定成员国尽量使用一种或两种优惠税率于以实物或以电子方式提供的书籍、报纸和期刊等。然而，在对电子书实施优惠税率之前，有学者对电子书使用优惠税率的合理性和必要性提出了质疑。优惠税率对电子书不一定是最佳选择（Hans and Marko，2017），因为电子书的边际成本为零，对电子书征收较低的增值税会使出版商获得更多收入，而对价格和产量几乎没有影响，这将是一种无效的税收政策。

事实上，最初欧盟的立场也是电子书不适用增值税优惠税率。[①] 但随着数字化阅读的普及，欧盟针对纸质书和电子书差异化的税收政策逐渐成为数字经济背景下的重要议题。起初，OECD第九预算工作小组依据电子产品和纸质版本的固有功能特性，得出了它们之间存在显著不同的结论。2013年，欧盟在 Bertelsmann/Pearson/Penguin Random House（COMP/M.6789）判例中进一步强调了纸质书和电子书属于不同的产品市场，两种产品的消费方式和受众类型有明显差异，因此不具备相互替代的关系。甚至有研究发现在负的交叉弹性条件下，两种格式的书是互补品（Hu and Smith，2013）。由此可见，从功能和市场的角度来看，对电子书和纸质书适用不同的税率并不违背税收中性原则。

然而，法国持相反观点，主张电子书和纸质书实质上是同质化的产品，

---

① 例如，根据2006/112/EC指令附件三第98条（2）第1款的规定，优惠税率适用于图书馆借阅的书籍、报纸和期刊（包括宣传册、传单等印刷品，儿童图片、绘画或着色书，印刷或手稿形式的音乐稿件，地图和水文地理相关的图表等），并将电子书归类为不享受优惠税率的电子服务。尽管（EU）282/2011条例将书籍的范围扩展至其他物理媒介（如CD、CD-ROM或U盾）出版的图书，但也只涵盖了部分具有物理载体的数字化书籍。

只是制造方式和分销方式有所不同。① 因此，对这两种格式的书适用不同的增值税税率就违反了税收中性原则。2014 年，欧盟正义法庭（ECJ）在 KOy（C - 219/13）判例中也支持这一观点，认为纸质与电子出版物在功能和用途方面非常相似。如果电子书不纳入优惠税率范围，可能会使其相对于纸质书处于劣势，从而违反增值税中性原则。②

根据国际出版商协会（IPA）和欧洲出版商联合会（FEP）发布的《关于图书和电子书增值税/商品及服务税的全球特别报告》统计数据，③ 截至 2015 年，在全球范围内，仅有 22% 的国家对印刷书籍适用标准增值税税率，而高达 69% 的国家对电子书征收标准增值税。从平均税率来看，印刷品的增值税或消费税税率为 5.75%，而数字出版物明显较高，达到 12.25%，④ 意味着电子出版物和纸质出版物在税收待遇上是不平等的。

与欧盟不同的是，在美国，除了实体书籍如教科书，纸质出版物通常不被认为是生活必需品，因而大多数情况下是要征收税款的。一般来说，实体书被视为有形个人财产，因此购买实体书时，消费者需要支付相应的销售

---

① Ministère de l'Économie, des Finances et de la Souveraineté industrielle et numérique. Les enjeux de l'application du taux réduit de TVA au livre numérique ［EB/OL］. （2011 - 11 - 13）［2023 - 08 - 19］. https：//www. culture. gouv. fr/Espace-documentation/Missions/Les-enjeux-de-l-application-du-taux-reduit-de-TVA-au-livre-numerique。

② 在这一判决中，欧盟正义法庭提出了一个判断方法，即从消费者需求和决策影响的角度来考虑纸质书和电子书之间是否存在竞争关系和相似性，如果不存在，则应采取相同的增值税处理方式。这一判例的结果也促使欧盟理事会在 2018 年首次将以电子方式提供的书籍纳入 2006/112/EC 指令附件三第 98 条（2）第 1 款的优惠税率适用范围。

③ International Publishers Association. VAT / GST on Books E-booksAn IPA / FEP Global Special Report ［EB/OL］. （2015 - 07 - 20）［2023 - 08 - 19］. https：//www. international-publishers-association. org/news/317 - global-vat-gst-on-books-and-e-books。

④ 自欧洲理事会允许成员国对电子出版物适用优惠税率以来，多个欧盟成员国迅速响应该决定，相继调整了对电子书和其他电子出版物的增值税税率。许多国家和地区明显减少了对电子书的征税，其中一些甚至将电子书的增值税率下调到与纸质图书相同的水平。这也意味着，欧盟各国已经开始认识到电子出版物与纸质出版物在文化和教育传播中的重要性和相似性，因而需要受到平等和公正的待遇。此外，这种变化也对全球其他地区产生一定的示范效应，激励更多国家和地区重新审视和调整自己对电子出版物的税收政策，以促进全球范围内电子和纸质出版物在税收待遇上的平等。

税。与实体书相比，美国各州对电子书的税收政策则相对复杂。电子书在不同的州可能会归属不同的类别，① 这些分类体现了各州在适应数字化时代所做的不同尝试。②

　　针对电子出版物和传统纸质出版物是否应同等对待的问题上，美国在法律层面进行了讨论和解释。在 "Random House, Inc. v. Rosetta Books LLC" 案中，美国法院认为在没有明确规定的情况下，原有的出版合同不能自动扩展到新兴的电子出版物上。电子书与纸质书具有不同的格式，这两种格式的出版权需要在合同中明确分开授权。这就说明二者之间具有明显的法律界限。不仅如此，美国在针对苹果公司和五大出版社合谋以提高电子书的零售价格的案例中，认为电子书具有易存储性、兼容性和易访问性等区别于传统纸质书籍的特征。这些特征使电子书具有独特的使用价值和广泛的应用场景，进一步证明纸质书籍并非电子书的完全替代品。目前，一部分州将电子书视为特定的数字产品，适用与传统纸质出版物不同的税率和规定，这也间接承认了两种出版形式存在本质差异，而不是简单地将电子出版物视为纸质出版物的延伸。从这个角度来看，电子书和纸质书在多个层面上不具有绝对的相似性和竞争性，因此，按照不同的税率进行处理实际上符合税收中性原则。

---

① （1）视为特定数字产品；（2）视为有形个人财产，主要是指可以被看到、称重、测量、感觉、触摸或以任何其他感官能够感知的物品；（3）视为有形功能等同物，这意味着产品或产品的"交付方式"无关紧要，只要在功能上等同或非常类似，就会被视为同一类别；（4）视为特定服务。

② 例如，怀俄明州、爱达荷州和印第安纳州对出售给最终用户具有永久使用权的电子书征税，对非永久使用权的电子书则免税。这种征税方式表明一些州是以识别和界定数字权利作为征税的判定依据，将用户对电子书的永久使用权作为区分是否征税的重要标准。而科罗拉多州、明尼苏达州和肯塔基州将音乐、电影、电子书、杂志等数字产品被视为有形个人财产，并按此类别征收销售税。这些州力图将新兴的数字产品与传统的有形产品纳入同一税制框架，进行同等的税务处理，以实现税收的公平性和一致性。此外，美国还有许多州对电子书采取免税政策。例如，在伊利诺伊州，以电子方式下载的书籍、音乐、报纸或杂志不构成有形个人财产的转让，这样的交易被视为无形资产的转让，因此无需缴纳销售税。南卡罗来纳州不对通过电子方式交付的产品征税。由于数字图书也是以电子方式交付，因此在南卡罗来纳州电子书是免税的。

3. 数字产品和服务的征税时间和地点

早在 2000 年，美国就提出了"简化销售税和使用税协议"① （Streamlined Sales and Use Tax Agreement，SSUTA）。该协议旨在简化和统一美国各州的销售税和使用税制度，最大限度减少征收销售税的零售商的遵从成本，确保线上和线下的零售商能够在公平的税收环境中开展业务。SSUTA 还为部分数字产品和服务规定了统一税目，对促进电子商务发展具有积极意义。

2014 年，美国基于 SSUTA 出台《市场和互联网税收公平法案》② （Marketplace and Internet Tax Fairness Act）。该法案规定，无论网络零售商在该州内是否存在固定的营业场所，只要向州内用户出售产品和服务，该州便有权向网络零售商征收销售和使用税。尽管该法案并未成为联邦法律，但其对于征收通过互联网进行远程销售的销售税提供了重要参考。

随后，在 2018 年，美国联邦最高法院在"South Dakota v. Wayfair, Inc."案件中推翻了既往判决，要求在南达科他州境内尚未建立实体经营场所的零售商在通过远程交易形式向本州居民出售产品时，同样需要承担相应的销售税义务（Avi-Yonah，2018）。这一判决维护了消费地州的征税权，消除了线上和线下零售商之间的税收差异，但同时也给一些跨州运营的零售商带来了合规方面的挑战，这些跨州零售商必须依据不同州的税收规则来缴纳销售税。

实践中，美国大多数州已采纳了消费地（目的地）原则，即买方的实际接收地为远程销售的纳税地，并引入"经济联结"（economic nexus）概念。具体来说，如果一家跨州零售商的年销售额达到 10 万美元或进行了 200 次相关交易，则该消费地所在州有权向该零售商征收销售税。

---

① U. S. Streamlined Sales Tax™ Governing Board. FAQs-General Information About Streamlined ［EB/OL］. （2018 – 01 – 14）［2023 – 08 – 19］. https：//www. streamlinedsalestax. org/Shared-Pages/faqs/faqs-about-streamlined。

② U. S. Congress Gov. Marketplace and Internet Tax Fairness Act ［EB/OL］. （2014 – 07 – 15）［2023 – 08 – 19］. https：//www. congress. gov/bill/113th-congress/senate-bill/2609/text。

对于如何确定电子服务的交易地点以及如何处理跨境电子服务交易的增值税等问题，欧盟（EU）282/2011 号条例提供了一系列详细的规定和指导原则。例如，增值税应在消费发生的地方征收以及允许服务供应商在其所在国家进行增值税申报，然后再由成员国进行分配等内容。

2014 年 OECD 发布《国际增值税/货物劳务税指南》①（OECD International VAT/GST Guidelines），建议跨境交易以目的地为增值税的纳税地点。对于 B2B 交易，增值税应在购买方所在国家进行征收；对于 B2C 交易，增值税应在消费者所在地进行征收。尽管该指南对传统服务和无形资产的跨境交易适用性很强，但并不能很好地解决数字服务的跨境征税问题。基于该指南，欧盟宣布自 2015 年 1 月 1 日起，无论数字服务的提供商是否为欧盟成员国，只要该服务被欧盟成员国的消费者购买，数字服务提供商就需要按照消费者所在国的增值税率代收增值税，并将税款代缴至消费者所在国的税务部门。②

4. 各国针对数字产品和服务的税制改革实践

第一，扩大商品税的征收范围。目前，许多国家已经开始对数字产品和服务征收销售税、增值税、消费税或货物和劳务税等。以澳大利亚为例，澳大利亚在完善本国的货物和劳务税体系方面采取了两项举措。③ 一是扩大征税对象范围，包括进口的数字产品和跨境服务供应等，以适应数字经济发展的趋势。二是通过降低起征点的标准，④ 以维护公平的竞争环

---

① OECD. International VAT/GST Guidelines [R]. Paris：OECD Publishing，2014.

② European Commission. Explanatory notes on the EU VAT changes to the place of supply of telecommunications，broadcasting and electronic services that enter into force in 2015 [EB/OL]. (2014 - 04 - 13) [2023 - 08 - 19]. https：//vat-one-stop-shop. ec. europa. eu/system/files/2021 - 07/explanatory_notes_2015_en_0. pdf.

③ ATO. GST on imported services and digital products [EB/OL]. (2021 - 12 - 08) [2023 - 08 - 19]. https：//www. ato. gov. au/Business/International-tax-for-business/GST-on-imported-goods-and-services/GST-on-imported-services-and-digital-products/.

④ 自 2017 年 7 月 1 日起，澳大利亚就货物和劳务税的适用范围扩大到进口的数字产品和服务方面，包括但不限于下载电影、电视节目、音乐、电子书、在线报纸订阅以及在线销售游戏、游戏代码、应用程序、软件和软件维护服务等数字内容。

境和税收秩序。[①]

第二，扩大预提所得税征收范围。数字经济背景下，许多国家扩大了预提所得税的征收范围，突破了对消极所得征税的传统限制，将各类数字产品和服务都包含在内，并结合其他多种措施完善所得税制度，从而实现对数字交易所得的全面覆盖。例如，巴西税务机关规定软件运营服务（SaaS）的跨境支付属于提供技术服务而取得的特许权使用费，需要缴纳15%的预提所得税。类似地，菲律宾和希腊已经将软件使用纳入预提所得税的征收范围。此外，马来西亚对非居民纳税人与本国企业进行的数字交易征收10%的预提所得税。

第三，数字服务税的制度实践。欧洲各国实行的数字服务税（DST）主要是针对提供特定数字产品或服务且达到一定收入门槛的跨国数字企业所征收的一种新型税种。从各国实践来看，数字服务税在不同国家略有不同。这种区别主要体现在税率、起征点、征税对象等税制要素的差异上（王克智，2021）。从整体来看，欧洲各国的数字服务税制度大多是以欧盟的数字服务税提案为基础进行调整的，这些国家实行的数字服务税具有一些共同特征：一是大部分国家都设定了特定范围的全球收入和国内收入门槛，低于该收入门槛的公司无需纳税；二是以跨国企业提供的数字产品或服务所获得的收入总额而非利润作为计税依据；三是征税方案主要体现了"用户价值创造"理念。

（二）加密资产的征税要件规定

随着数字交易的普及，加密货币逐渐在全球范围内流通使用，与传统货币一样成为人们进行购买、销售、交换等交易活动中的重要支付手段。然

---

① 自2018年7月1日起，澳大利亚就开始对不超过1000澳元的服装、电子产品和化妆品等低价值的商品征收10%的货物劳务税。对于低价值商品，如果是通过数字平台进行销售，则由平台的运营商负责收取并缴纳货物和劳务税。

而，加密货币的兴起也带来了一系列复杂的税务处理问题。目前，世界各国
对加密货币的税务处理存在一定差异，见表 3 - 1。

表 3 - 1 世界主要国家数字服务税实践经验

国家	征收时间	征收范围	起征点	税率
法国	2019 年 1 月 1 日	来源于法国的在线广告收入、销售用于广告目的的个人数据以及提供点对点在线平台服务的收入	全球营业额超过 7.5 亿欧元、法国国内营业额超过 2500 万欧元的居民和非居民企业	3%
意大利	2020 年 1 月 1 日	定向广告和数字接口服务	全球年营业收入超过 7.5 亿欧元、在意大利的数字服务收入超过 550 万欧元的大型科技企业	3%
奥地利	2020 年 1 月 1 日	在线广告业务（当前适用广告税的广告服务不在数字税法案规定的应税范围之内）	全球年营业额达到 7.5 亿欧元和在奥地利的数字广告年营业额达到 2500 万欧元的企业	5%
英国	2020 年 4 月 1 日	社交媒体、搜索引擎和在线营销服务	全球年数字服务收入超过 5 亿英镑而且在英国的数字服务收入超过 2500 万英镑的大型企业	2%
西班牙	2020 年 12 月 20 日	（1）应用于数字设施上的广告服务；（2）中介服务，具体为辅助客户找到用户并产生交互联系或者为客户和用户之间直接提供产品或服务给予帮助	上一年全球数字服务年营业额达到 7.5 亿欧元且来自西班牙的数字服务收入达到 300 万欧元以上的大型数字服务企业	3%
土耳其	2020 年 3 月 1 日	定向广告、社交媒体和数字接口服务	全球营业额达到 7.5 亿欧元、在土耳其的营业额达到 2000 万土耳其里拉的服务供应商	7.5%
捷克	2021 年 6 月 1 日	提供数字服务，包括在线广告服务、在线中介服务以及销售用户数据等	全球年营业收入超过 7.5 亿欧元、在本国的数字服务收入超过一亿捷克克朗	5%
匈牙利	2019 年 7 月 1 日至 2022 年 12 月 31 日	在线广告	全球营业额达到 30 万欧元	7.5%

续表

国家	征收时间	征收范围	起征点	税率
葡萄牙	2021 年 2 月 17 日	视听商业传播 4%、订阅视频点播服务 1%		4%、1%
波兰	2020 年 7 月 1 日	视听媒体服务和视听商业传播		1.5%

资料来源：依据各国政府网站所发布的相关信息整理。

1. 美国不断完善加密资产的税收政策与法规

2013 年，美国发布的《关于管理、交换、试用虚拟货币的个人应用指南》中将虚拟货币定义为一种价值的数字表示，其功能是作为交换媒介、记账单位和价值存储。[①] 同时，该指南将虚拟货币分为电子货币和电子贵金属、中心化的虚拟货币以及去中心化的虚拟货币三类。并且对参与虚拟货币交易的相关实体进行了明确分类，包括用户、交换者、管理员，从而为行业参与者在从事与虚拟货币相关的活动时提供了明确的合规指导，这也标志着美国政府在国家层面认可了加密货币的存在。

2014 年，美国国内收入局为加密货币的税务处理提供了更为明确的指导。在其发布的《2014 - 21 号通知》中，IRS 明确指出虚拟货币不被视为法定货币，而是被视为财产。因此，适用于财产交易的一般税收原则也同样适用于虚拟货币交易。此外，对那些持有比特币或其他加密货币的用户，必须每年主动报告加密货币交易产生的实际损益，并据此计算缴纳个人所得税。

2019 年，IRS 在《2014 - 21 号通知》基础上，进一步推出两项具体的

---

① U. S. Department of the Treasury Financial Crimes Enforcement Network. Application of FinCEN's Regulations to Persons Administering, Exchanging, or Using Virtual Currencies［EB/OL］. (2013 - 03 - 18)［2023 - 08 - 22］. https：//www. fincen. gov/resources/statutes-regulations/guidance/application-fincens-regulations-persons-administering。

税收指南。① 其中，《2019 – 24 号税收规则》明确，由硬分叉②获取的加密货币应当纳入个人所得税的征税范围。另一份指南则详细解答了有关加密货币的收入、销售、交易和其他相关事宜的税务处理方式，以及如何确定虚拟货币的公允市场价值并对其进行税务记录等一系列实际操作中的常见问题。

随后，美国又陆续出台《2020 年加密货币法案》及《虚拟货币税收公平法案》等与加密资产直接相关的重要法规，及时对加密货币的税收政策进行适应性调整。一方面，这些法案旨在强化对加密资产的监督和管理，明确税务部门在监管加密资产方面的权利和责任，以保障加密货币市场的透明和公平；另一方面，这些政策的出台和调整也体现了政府对技术创新的积极态度。例如，《虚拟货币税收公平法案》中为个人的加密货币交易收益设置 200 美元的免税额，以鼓励加密货币的发展和应用。

2. 欧盟对加密资产提供初步政策指导

2015 年，欧盟在 Skatteverket 诉 David Hedqvist（C – 264/14）一案中对法定货币与比特币之间互相兑换是否需要缴纳增值税做出了重要裁决。欧盟法院认为比特币是一种加密货币，仅用作支付手段，不属于法定货币范畴，且不能被归类为有形财产。基于此，法定货币与比特币之间的兑换行为应被归属为一种服务，与其他金融交易一样，应当免除增值税。③

2022 年，欧盟就加密资产市场监管和修订指令（EU）2019/1937 达成

---

① IRS. Frequently Asked Questions on Virtual Currency Transactions ［EB/OL］. （2023 – 08 – 18）［2023 – 08 – 22］. https：//www. irs. gov/individuals/international-taxpayers/frequently-asked-questions-on-virtual-currency-transactions。

② 硬分叉是分布式账本（尤其是区块链）技术所特有的。简而言之，当一个分布式账本（或区块链）的协议或规则发生重大更改，使得新规则与旧规则不兼容时发生的永久性分歧（diversion），这种分歧使得原来的单一链条分裂成两个独立的链条，这个过程就被称为硬分叉。

③ 随后，欧盟进一步明确了加密货币在增值税上的处理细则，对于挖矿、存储及兑换等环节的加密货币交易均应纳入增值税的征税范围内。但根据增值税 2006/112/EC 指令的第 135 条第 1 款的（e）和（d）子项规定，这些交易活动实际上都被列为免税事项。

了临时协议。该法规旨在为欧盟内部的加密资产交易提供统一和明确的法律框架，重点是强化对稳定币和加密资产提供商的监管，维护投资者权益，确保市场诚信和整体金融稳定。

尽管欧盟针对加密资产已经提供了一些初步的政策指导，但大部分成员国仍希望欧盟能够制定并实施一个更加统一和稳定的加密货币税收制度，这样不仅能为加密货币市场带来更大的确定性，同时也有助于减小成员国之间的税收政策差异，避免潜在的税收竞争。在此背景下，各成员国开始根据自己的经济和发展情况出台或调整相关税收制度。[①]未来，随着加密货币市场和相关技术的不断发展，欧盟很可能会进一步深化对统一税收制度的研究和制定，以满足市场和成员国的需求，确保欧盟在全球数字经济中的竞争优势。

3. 英国将加密资产纳入现行税制框架

2014 年，英国税务海关总署（HRMC）首次发布了关于加密资产的税收指南，指出加密货币不应被视为货币或者货币等价物，而是类似于股票和债券等传统金融资产，因此，涉及加密货币的交易需要缴纳资本利得税。此外，当加密货币在英国境内作为产品或服务出售时，还需缴纳增值税。而对于个人非投机目的的购买和持有的加密货币则不予征税。

2018 年，英国政府成立加密资产专项工作小组并发布《加密资产工作组：最终报告》，研究和评估了加密资产的相关风险和潜在收益，针对未来监管工作提出具体规划。[②]为进一步明确和规范加密资产的税务处理，随后HRMC 又陆续推出几份关于加密资产的税收指导文件，对稳定币、证券代

---

① 例如，法国在2019 年预算法案的修正案中，将对比特币交易征收的资本利得税税率从36.2%降至30%，从而使加密货币交易的税率与其他非房地产资产保持一致。意大利议会在2023 年预算法案中规定，对每个纳税期超过2000 欧元的加密货币交易收益征收26%的资本利得税。这些政策调整动态揭示了各成员国对加密货币的态度。

② HRMC. Cryptoassets Taskforce：final report ［EB/OL］. （2018 – 10 – 29）［2023 – 08 – 22］. https：//www. gov. uk/government/publications/cryptoassets-taskforce。

币、实用代币等不同类型加密货币在挖矿、兑换、质押等各环节的税务规则进行了梳理。①

截至 2024 年底，HRMC 并没有专门为加密资产单独制定税法，而是根据加密资产的用途和性质，将其纳入现行的税制框架内，与其他资产同等对待，征收所得税和资本利得税。此外，根据加密资产是否与产品、服务、金融证券或土地有关，HRMC 可能还会对其征收包括印花税、增值税、印花土地税（Stamp Duty Land Tax）和印花储备金税（Stamp Duty Reserve Tax）等。例如，当加密资产作为买卖土地或建筑的对价时，需要将加密货币换算成法定货币的价格来核算印花土地税。

4. 日本将加密资产收入归为"杂项收入"

日本是加密货币领域的先行者之一。2016 年 5 月，日本通过《资金结算法》修正案，将数字货币纳入税收监管体系内，并将比特币视为具有"货币职能"的资产。2017 年，日本国会修订《支付服务法案》（Payment Services Act，PSA），正式承认比特币是一种合法的支付手段。② 同年，日本国税厅发布《关于虚拟货币所得的计算方法等》指出，出售或使用比特币等虚拟货币所得的利益，原则上被归类为"杂项收入"（miscellaneous income），需要进行所得税申报。③

---

① 例如，HRMC 规定在挖矿和兑换环节所获得的加密货币收入均需纳入所得税范畴。在确定兑换环节产生的收益时，推荐使用平均成本法以计算其初始成本。此外，这些文件还规定了从事加密资产业务的企业和机构需要遵循的合规要求，精确记录与加密资产相关的所有交易信息，并按照相应的会计准则确定价值和利润。

② 根据该法案，在日本境内的所有加密货币交易平台均需完成注册，并接受金融服务局（FSA）的监管。同时规定这些平台需要履行保护交易人、保护信息安全、禁止转让账号、指导或协助交易人、保护交易人的资金安全和签署争议解决协议、加强对交易资金保护六项主要职责。

③ 对于个人而言，适用 5%～45% 的超额累进税率，再加上支付给地方政府的 10% 的居民税（inhabitant tax），这意味着在日本从事加密货币交易的个人实际税率范围为 15%～55%。对于企业而言，如果一家公司持有加密资产，则必须在每个财政年度结束时对未实现收益（即代币价值增长部分）缴纳 30% 的统一公司税，而这在其他国家是不必须的。此外，根据《消费法施行令》第 48 条第 2 款，虚拟货币的转让不是消费税的征税对象。也就是说，在日本兑换比特币将不再征收 8% 的消费税，但对于加密资产收取的借贷费用和利息仍将征收消费税。

（三）非同质化通证的征税要件规定

1. 美国根据 NFT 的实质交易内容进行征税

美国特别关注 NFT 交易内容的实质。① 对于具有金融属性的 NFT，如果其持有期不超过一年，对其按照 10% ~37% 的税率征收短期资本利得税；超过一年的则按照 0% ~20% 的税率征收长期资本利得税。如果 NFT 仅作为收藏品持有，则按照 28% 的固定税率对其征收长期资本利得税。

2022 年，美国的华盛顿州发布《关于不可替代代币（NFT）可征税性的临时声明》。根据此声明，该州建议按照已适用于数字产品的税收规则，将 NFT 纳入销售税和使用税范围，并提议对其征收经营税和占用税（Business and Occupation Tax）②。考虑到 NFT 的巨大发展潜力，未来可能会有更多的州采用类似税收政策对新兴业态的发展加以规范。

2. 欧盟根据 NFT 的资产性质征收增值税

欧盟基于 NFT 的不同性质征收增值税。产权证明类 NFT 是属于产品还是服务，需要根据 NFT 代表的资产性质进行区分，并按照相应的产品或服务进行增值税处理；对于代金券类 NFT 的增值税处理应参照代金券的相关规定。也就是说，当使用 NFT 交易产品或服务时，应征收的增值税应与直接销售该产品或服务时的增值税处理一致；对于被视为由数字代币和其相关资产组成的捆绑销售的增值税处理，首先需要明确捆绑销售中的主体要素，

---

① 具体来说，当消费者使用加密货币购买 NFT 时，美国国内收入局会将该交易视为由两个独立的经济行为组成。首先是出售加密货币，此时需要缴纳资本利得税，销售者可能还需根据所在州的法律缴纳销售税。随后，使用从加密货币销售中获得的收入购买 NFT，用法定货币购买 NFT 无需纳税。

② Department of Revenue Washington State. Interim statement regarding the taxability of non-fungible tokens（NFTs）[EB/OL].（2021 - 01 - 01）[2023 - 08 - 22］. https：//dor. wa. gov/laws-rules/interim-statement-regarding-taxability-non-fungible-tokens-nfts#_ftn5.

并根据主体要素进行相应的税务处理;① 对于被视为数字服务的 NFT，比利时联邦公共服务局（FPS）和西班牙税务局（AEAT）表示，NFT 是一种不可替代且不能相互互换的数字资产，与法定货币或其他数字货币有本质的不同，因此 NFT 无法享受类似于数字货币的增值税减免或免税政策，而是需要按照 21% 的标准增值税税率进行征税。

3. 印度对 NFT 的转让收益征收所得税

2022 年，印度在《财政法案（2022）》中新增了第 115BBH 条款，对 NFT 及其他虚拟数字资产（VDA）的转让收益征收 30% 的所得税，并且除购置成本外，不允许纳税人扣除任何交易损失，更不能将这些损失结转至未来的税务年度。② 此外，如果虚拟数字资产的交易超过 10000 卢比，那么虚拟数字资产的买家还必须代表卖家扣缴 1% 的源头扣除税（TDS）。

对于赠予虚拟数字资产的税务处理问题，印度税务部门明确表示，如果这类虚拟数字资产的价值超过 50000 印度卢比，并且接收者与赠予者之间没有亲属关系，那么接收者则需对这部分资产纳税。对于一些特定情况，如结婚或继承遗产时收到的加密资产，则不需要缴纳税款。

4. 新加坡不对 NFT 中的资本利得收益征税

新加坡没有资本利得税制度，因此不对个人和企业从 NFT 交易中获得的资本利得收益征税。对于 NFT 的收入是否属于资本利得收益，新加坡税务局（IRAS）将通过资产的特征、持有期限、购买意图、交易量和出售理由等一系列因素进行评估，以决定 NFT 交易是否需要纳税。

---

① 若相关资产被确定为捆绑销售的主要元素，那么 NFT 的增值税处理将与该资产的增值税处理方式相一致（如凭证）。反之，如果认为代币是捆绑销售中的主要元素，那么 NFT 将按照代币的相关税务规定进行增值税处理。除此之外，由于 NFT 本身具有唯一性和不可分割性，任何尝试对其进行分割的行为都属于人为创新或干涉。在这种情境下，增值税的处理可能会被归为数字服务的相关税务范畴。

② India. The Finance Bill, 2022 ［EB/OL］. （2022 – 03 – 25）［2023 – 08 – 22］. http：// 164. 100. 47. 4/BillsTexts/LSBillTexts/PassedLoksabha/18C_2022_LS_Eng. pdf.

5. 韩国将 NFT 归为"其他收入"进行征税

在税收方面，韩国国家税务局决定将虚拟资产归为"其他收入"，并进行相应税务处理。根据新税法修正案规定，从 2022 年 1 月 1 日起，销售额超过 250 万韩元的 NFT 收入将被征收 20% 的税。

6. 澳大利亚根据 NFT 的实际使用情况征税

与其他类型的加密资产一样，澳大利亚税务局在确定 NFT 的税收分类时，会基于其实际使用和持有的目的进行评估。若 NFT 主要用于个人消费或使用，则可以被归为"个人使用资产"。对于那些持有超过 12 个月的 NFT 投资者，他们可以享受资本利得税的 50% 优惠折扣。若 NFT 作为股票交易、作为经营业务的一部分或一种营利计划，则须缴纳所得税。

由于各国的税收制度、法律体系和经济结构有所不同，加之对于新兴技术和业态模式的认知和态度不同，从而导致各国在 NFT 的具体定义、税率、税收分类等税收要件的标准制定方面存在显著差异。例如，当前大部分国家都将 NFT 归为资产并进行相应的税务处理，但具体到是长期还是短期资本利得、业务收入还是其他收入，各国的处理方式各异。这种差异可能为 NFT 的跨境交易带来双重征税，也将成为未来国际税收合作需要解决的重点问题。

三、国际经验的借鉴和启示

（一）经验借鉴

第一，就征税对象而言。目前，世界各国都在努力尝试对数字资产以及数字产品和服务进行定义和分类。在实践中，各国将数字资产以及数字产品和服务纳入现行税制框架征税主要有两种方式。第一种是采用"一刀切"的方式，尽量统一数字资产以及数字产品和服务的定义或类别归属，简化税务处理。第二种是针对数字资产的不同用途和持有目的，采取分类施策的方式进行管理，这种方法更具有针对性，但同时也增加了税务处理的复杂性。无论选择哪种方式，各国都是在鼓励数字经济发展与保障税收收入之间寻找最佳平衡点。

第二，就征税要件的税收规定而言。面对数字经济的快速发展，各国在对数字产品和服务的税率、税收优惠以及征税时间和地点等征税要件作出明确规定的同时，还对加密资产和非同质化通证的购买、销售和交换等交易活动制定了相应的税务规定。其中，关于数字产品和服务交易，各国主要围绕商品税制度进行改革。在税收实践中，许多国家已经将数字产品和服务纳入了现行的增值税或商品和服务税体系中，以确保数字产品和服务与传统的产品和服务能够享受平等的税收待遇。此外，为了促进本国电商行业的发展，一些国家还实施了较低的优惠税率。

第三，关于加密资产和非同质化通证等数字资产交易，各国主要围绕所得税和财产税制度进行改革。在税收实践中，各国对数字资产课税主要有两种方式。一种是将数字资产纳入现行税制，根据数字资产的性质征收增值税、财产税、所得税或资本利得税等。另一种是针对数字资产制定专门的税务规定，设计开征数字资产税或数字资产挖矿税。开征新税种不仅能够有效缓解数字资产挖矿过程中造成的环境问题，还有助于拓宽税基，增加本国税收收入。

（二）启示

我国对数字资产交易有着严格限制，并且当前对此类交易的具体征税环节及相应的税务规定尚未明确。一般情况下，对于这些暂无明确规定的数字经济创新活动，我国采取的是较为宽松的税务处理方式，普遍的做法是按照所得税法的相关规定，对数字资产的收益征收所得税。而对于数字产品和服务，我国主要是按照性质相近原则，将其纳入现行税制体系并进行相应的税务处理。

针对数字经济创新活动的税制设计中，一方面，我国应遵循规范与激励并重原则。对于那些难以在传统行业内找到近似属性的新兴业态，可以按照简易的税务处理方式，将其统一视为服务，适用较低的增值税税率，以鼓励其发展。而对于那些具有较大潜在风险的领域，例如匿名虚拟货币交易、高频次的跨境无形资产交易等，需要制定严格的监管策略，以确保税收透明性和合规性。另一方面，简单地模仿或直接复制其他国家的做法并非最优策略，每个国家的改革方案都是根据自身国情和经济发展状况精心构建的，没有放之四海而皆准的模式。因此，我们可以对不同国家的税制改革方案进行比较和分析，学习借鉴其他国家的成功经验，探索和建立符合我国数字经济发展的税收制度。

第四章
数字经济背景下税收
征管的国际比较研究 *

数字经济的快速发展，改变了传统商业模式和价值链，在要求税收制度进行适应性改革完善的同时，对税收征管也产生了较大影响。为有效应对数字经济发展对税收征管带来的挑战，世界各国以及国际组织开始探索适应数字经济发展的税收征管新办法新机制新模式。在此背景下，本章基于我国数字经济发展给税收治理带来的挑战，比较借鉴欧盟、美国等具有代表性的地区和国家应对数字经济发展的税收征管经验。

目前，世界各国的税收征管面临着具有以下共性的新挑战。第一，数字经济下共享经济、零工经济等新兴业态层出不穷，这要求税收征管模式和技术必须迅速适应这些新业态的特点和变化。第二，数字经济高度依赖的数据资产、数字资产及数字衍生业态存在着确权和定价的难题。第三，相关的税收制度和征管制度缺位，使部分数字产品和服务交易游离在税法之外。

加快建立以数字技术为基础、电子发票为依托、跨境税收征管合作为桥梁、数字身份和验证系统为载体的现代化税收征管体系是推动税收管理数字

---

* 本章内容根据本书作者参与的国家税务总局北京市税务局课题组研究报告改编，报告的主要内容已经发表，可参见《数字经济背景下税收制度与税收管理的国际比较研究》（张有乾，岳树民，等，2024）。

化转型的重要驱动力。本章对世界各国在数字身份建设、电子发票改革、跨境税收征管以及数字经济创新的税收管理四个方面进行比较分析，一些国家的做法值得借鉴。第一，通过加强与第三方合作、利用新兴数字技术创新数字身份验证方式等加快推进数字身份建设。第二，通过扩大电子发票的应用范围、统一电子发票的技术框架和格式标准、创新电子发票的管理模式等深化电子发票在税务管理中的应用。第三，通过加强税收情报交换、涉税信息共享和税收征管互助等方面的合作，进一步提高跨境税收征管的效率和水平。第四，通过明确监管部门及平台的责任和义务，创新监管制度，进一步加强对数字经济创新活动的税务管理。

随着税收制度的不断调整与完善，税收征管也需要适时地进行改革与创新，以适应数字经济发展形势。在全球范围内，各国以数字技术为依托，积极探索数字身份建设、跨境税收征管、电子发票管理以及平台税务管理等关键领域，以促进税收征管的数字化和智能化转型，进一步提升税收征管的效率和准确性。

一、数字身份建设的实践经验

数字身份可视为个体身份在数字空间的映射，是由一系列电子凭据和相关数据构成，代表了个体的特定属性和权限，在身份验证、授权管理、数据保密、交易安全等多个领域发挥着关键作用。

（一）欧盟数字身份创新

加强数字身份建设对促进税收管理数字化至关重要。欧盟推出了包括电子身份识别（electronic identification，eID）和自主权身份（self-sovereign identity，SSI）等在内的一系列相关政策措施，旨在构建一个安全便捷的税收服务体系。其中，eID 主要依赖中央身份数据库，能够实现跨境电子身份验证，确保纳税人可以安全地访问欧洲其他国家提供的在线服务。而 SSI 是一种新兴的数字身份概念，主要依托于区块链技术。在 SSI 体系中，用户可以自行创建、存储和共享个人的身份信息，并具有完全控制和管理个人身份数据的能力。与 eID 相比，SSI 这种去中心化的身份管理方法能更有效地保障个人数据安全。

（二）泛加拿大信托框架与跨省合作

加拿大在数字身份和数字验证领域具有许多先进的实践经验。首先，加拿大数字身份验证委员会（DIACC）制定了泛加拿大信托框架（PCTF），明确了数字身份中关于身份注册、信息管理、服务认证等方面的标准，不仅促进了公共部门与私营部门在数字身份及相关服务上的互操作性，还强化了对纳税人的个人隐私保护。其次，加拿大税务局加强与安大略、阿尔伯塔等已经单独推出数字身份的省级政府合作，使纳税人能够使用已有的省级数字身份访问相关服务，而无须再重新注册用户名和密码。

（三）美国构建安全访问数字身份平台

2021 年，美国国内收入局构建了安全访问数字身份平台，通过与第三方凭证服务提供商的合作，IRS 成功实现了联合身份验证，纳税人仅需使用一组经过多方验证的数字身份凭证，便可访问不同参与机构的应用程序，在提高用户便利性的同时，也降低了多次登录和不同密码管理带来的信息泄露风险。随后，IRS 又基于安全访问数字身份计划（SADI）对数字身份验证和登录流程进行了全面优化，旨在使更多的纳税人能够安全地访问和使用IRS 的在线工具和应用程序。而对于那些已经遭受身份盗用或者有身份被盗用风险的纳税人，IRS 还会为其每年自动生成一个六位数的身份保护个人识别码（IP PIN），以防止未经授权的第三方利用其社会保障号或个人纳税识别码进行税务欺诈活动。

（四）澳大利亚引入董事身份识别码

澳大利亚税务局为了防止董事使用虚假身份逃避税收或进行其他非法活动，特别引入了董事身份识别码（director identification number，DIN），赋予每位董事一个独立且唯一的身份识别码，以确保董事身份的真实性。通过DIN，政府监管机构可以更准确地追踪董事在不同公司的任职情况，从而提高监管效率。不仅如此，DIN 还有助于加强公司治理、提高企业透明度以及保护投资者、股东和其他利益相关者的权益。

（五）数字身份建设的国际经验总结

在全球范围内，各国正利用大数据、区块链、人工智能等新兴数字技术加强数字身份建设，同时积极探索与第三方部门合作，共同研究数字身份管理的新模式，不断拓展税收共治的深度和广度。为保障纳税人身份信息安全，各国税务部门还针对数字身份验证采取一系列创新措施。例如，为特定人群或企业提供专属身份识别码，从而提高身份验证的效率和准确性。将人脸识别、指纹识别以及虹膜扫描等现代生物识别技术融入数字身份验证中，以降低纳税人身份信息泄露的风险，提高纳税人使用税务平台的便利性和遵从水平。

目前，我国在数字身份建设中已经实现法人税费信息"一户式"、自然人税费信息"一人式"智能归集，涉税服务"一站式"管理，资料信息"一键式"查验等，极大提高了税收管理效率。在此基础上，我国不断拓宽纳税人身份信息来源，加强数字技术应用，完善和优化各功能模块，为探索构建数字账户奠定坚实基础。

与其他国家相比，我国数字身份建设还存在进一步完善的空间。尤其是在跨部门、跨领域、跨层级的数字身份信息共享和交换方面，我国还未能充分实现高效协同。另外，在数字技术的深度应用和创新实践上也较为薄弱。未来我国应继续加强身份信息共享和互认机制，打破信息孤岛，促进身份信息互联互通。进一步深化数字技术应用，在数字身份信息的收集、存储、分析和验证等不同环节有针对性地使用区块链、云计算、大数据和人工智能等前沿技术，有利于提高纳税人身份信息的真实性、准确性和安全性。

二、电子发票改革的实践经验

加快推进电子发票改革不仅有助于提高税收征管效率，增加税收透明度，还能有效减少税收欺诈等逃税行为。

（一）欧盟拓展电子发票应用范围

欧盟为拓展电子发票在税务管理中的应用，于2014年颁布《公共采购电子发票指令》（2014/55/EU），要求成员国在公共采购中（B2G）中必须使用符合欧洲标准的电子发票，以促进基于不同系统间电子发票的相互传输和应用。目前，大部分欧盟成员国已将该指令纳入其国内法律，并逐步将电子发票的强制适用范围从B2G拓展至B2B领域。例如，2021年9月15日，法国在第2021－1190号法令中明确规定，纳税人在B2B交易过程中，需要使用电子发票并将交易数据进行传输。自2024年7月1日起，该指令适用于大型企业；自2025年1月1日起，适用于中等规模企业；自2026年1月1日起，适用于中小微型企业。

（二）美国全面推行电子发票标准统一

美国已决定全面推行电子发票标准统一，并采用四角网络模型促进电子发票的使用与交换。在这个模型中，发票发送方和接收方分别通过各自的接入点（access point）连接到网络，接入点则负责处理、传输和接收电子发票。这样一来，所有公司既是发票的发送方，也是接收方。一旦连接到网络，各个公司便可以与网络中注册的所有其他公司进行电子发票的交换。四角网络模型的优点在于为各参与方提供了一种高度标准化、互操作性强且可扩展的电子发票交换方式。这使得使用不同发票处理系统的公司也能够轻松地在网络中相互连接并交换发票信息。

（三）意大利推出电子发票应用程序 FutterAE

意大利税务局（IRA）推出了一款名为"FutterAE"的免费应用程序。此应用程序允许用户直接在手机上创建并填写电子发票，并能够通过交换系统（exchange）实时发送给收件人。为满足不同用户需求，FutterAE 还提供了多种发票样式模板，并具有智能识别功能，能够根据用户的日常交易习惯进行存储，有利于提高发票填制的准确性与效率。该应用程序的推出使得电子发票的开具更加普及，实现了交易活动与发票开具的实时同步。FutterAE 于 2019 年上线。

（四）俄罗斯多方位推进电子发票管理与应用

俄罗斯的税收征管数字化转型与《税收征管 3.0：税收征管的数字化转型》中的"嵌入式"理念不谋而合且已试点多年。早在 2017 年，俄罗斯政府就明确规定所有公司及个体工商户在进行零售交易时，必须使用在线收银机来完成结算。这一举措旨在将税控手段嵌入纳税人的日常支付，从交易发生、发票开具、信息收集，再到税源控制，实现全流程监管。通过在线收银机，俄罗斯的税务机关成功地将税收监管范围扩展到了交易的末端支付环节，显著提高了税务部门获取纳税人交易信息准确性和便利性，进一步加强了对零售业税源的监管。在 2021 年，俄罗斯又推出了一套新的电子发票系统，加强了对于显示器、投影仪、工业卡车等产品交易的可追溯性。不仅如此，税务部门还规定进行结构化处理的电子发票都应采用 XML 格式生成 UTD 文件，从而将纸质发票和其他交易凭证等多种交易信息整合到电子发票中，逐步实现交易信息的一票式集成。

（五）电子发票改革的国际经验总结

电子发票改革是深化税务管理数字化转型的重要突破口。近年来，世界各国在这一领域均有显著进展，主要表现在四个方面。

第一，扩大电子发票的应用范围。考虑到区域差异和行业特点，多数国家从政府采购部门或特定行业入手，根据实际情况逐步扩大电子发票的使用范围。

第二，统一电子发票的技术和格式标准。通过建立统一的电子发票技术框架和格式规范，增强涉税信息在采集、记录、传输和共享过程中的一致性和准确性。

第三，创新电子发票管理新模式。通过引入实时数据传输、自动化审计以及动态监管等机制，加强涉税数据监管。

第四，完善电子发票系统的各项功能。例如，进一步优化电子发票系统的智能算税、自助查询等功能，以满足纳税人多样化和个性化需求，提高纳税人的满意度和便利性。

我国正在积极推广电子发票的使用范围，随着数电发票的全面推广，税收管理也从"以票管税"向"以数治税"分类精准监管转变。2023 年 8 月 21 日我国国务院公开的《国务院关于修改和废止部分行政法规的决定》中，修订了《中华人民共和国发票管理办法》，首次明确发票包括纸质发票和电子发票，电子发票与纸质发票具有同等法律效力。

三、跨境税收征管的实践经验

（一）欧盟跨境数字交易的增值税征管策略

跨境数字交易根据交易对象的不同，主要可以分为 B2B 和 B2C 两种。针对这两类交易，欧盟在增值税跨境征管方面分别采取了不同的策略。对于 B2B 跨境数字交易，大部分欧盟成员国主要实行"逆向征收机制"，将增值税的缴纳义务从销售方转移至购买方。此外，还有一部分欧盟成员国，如意大利和波兰等国家采取分割支付机制，有时也称为预扣税机制。根据该机制，客户在完成付款后，其支付的金额将被分为货款和税款两部分。其中，税款部分将直接汇入税务机关的专用账户，货款部分则进入销售商的账户。

对于 B2C 跨境数字交易，欧盟于 2015 年 1 月 1 日采用了迷你一站式服务机制（the mini one stop shop，MOSS）。该机制为符合欧盟应税标准的企业提供了一个高效便捷的在线平台，通过该平台可以简化跨境电子服务、电信和广播电视业务的增值税（VAT）征收和申报流程。值得一提的是，无论该企业是欧盟企业还是非欧盟企业，以及在欧盟内是否设有常设机构，均可使用 MOSS。并且该应税企业只需在欧盟所在国或所选择的国家进行一次注册，便可在所有欧盟成员国内完成增值税的申报和缴纳。如果增值税由消费者所在的欧盟成员国征收，那么该成员国还需要将相应的税款分配至其他相关国家。据欧盟委员会统计，实行 MOSS 机制减轻了企业 95% 的合规成本，同时提高了所有欧盟成员国在增值税征收方面的效率与成果。此外，欧盟在 MOSS 基础上还创建了进口一站式服务机制（import-one-stop shop，IOSS），以方便和简化低价值进口货物（不超过 150 欧元）增值税的申报和支付。

（二）澳大利亚跨境征管合作

随着全球经济一体化进程不断深入，跨境税收征管日益成为各国政府在税收领域关注的焦点。为了提高跨境税收征管合作的效率和水平，澳大利亚采取了一系列举措，包括实行共享经济报告制度（the Sharing Economy Reporting Regime，SERR）、签订税务信息交换协议（Tax Information Exchange Agreements，TIEAs）和共同申报准则（Common Reporting Standard，CRS）等。

SERR 是一项第三方报告制度。通过强制共享经济平台运营商提交相关交易数据，以确保在澳大利亚境内从事共享经济活动的纳税人能够依法履行纳税义务。在全球范围内，共享经济行业的快速发展加剧了跨境逃避税和不良税收筹划等问题，而 SERR 为税收征管部门提供了一种监测纳税人收入并应对这些问题的手段，有助于打击跨境逃避税等行为。

TIEAs 是一种双边协议，旨在促进各国在税务信息交换方面的合作。目前，澳大利亚已与 40 多个国家签订了 TIEAs，各国政府可以在互相尊重主权的前提下，分享有关非居民纳税人的税收信息，以提高跨境税收征管的透明度和准确性。

CRS 是由 OECD 制定的一套全球性的信息交换标准，其核心目的在于促进各国之间的金融信息自动交换。通过实施 CRS，澳大利亚可以更好地追踪跨境资金流向，有效识别偷逃税款等潜在的违法行为。

（三）"双支柱"方案下的多边税收征管合作

"双支柱"方案落地实施将会为全球范围内的多边税收征管合作创造新的可能。支柱一方案中的新联结度规则规定，当跨国企业（MNE）从收入来源地（市场辖区）获得超过 100 万欧元的收入时（对于国内生产总值低于 400 亿欧元的较小地区，新联结度规则的适用标准设定为 25 万欧元），需将 MNE 获得的部分超额利润分配给收入来源地。实现这一方案不仅需要跨辖区的税收信息交换，也依赖于各国税务机关之间的紧密合作和信息共享。

支柱二方案中全球最低税的实施，同样也离不开多边税收协调与合作。支柱二方案涉及的所得纳入规则（IIR）、低税支付规则（UTPR）和应予征税规则（STTR）都要求获取准确获取跨国企业的财务信息，以便确定该企业在全球范围内的总体税负以及在各个辖区分支机构的具体税务状况。截至2024年，已经有超过60个国家或地区准备实施该税，其中韩国、日本、英国和意大利4个国家已经完成全面的国内立法。随着"双支柱"方案的不断推进，全球税收征管合作网络持续扩大，越来越多国家加入了《多边征税互助公约》，并实施税收信息自动交换（automatic exchanger of information，AEOI），以增强税务机关信息收集的全面性和准确性。

（四）跨境税收征管的国际经验总结

目前，世界各国都在积极探索跨境税收征管的新模式。随着数字技术的迅猛发展，各国正在进一步加深税收情报交换、涉税信息共享和税收征管互助等方面的合作。在这一背景下，欧盟根据不同的商业模式和交易类型，制定了一系列差异化的税收征管策略。与此同时，澳大利亚正不断拓展跨境税收征管合作的深度和广度，特别是与主要贸易伙伴国家开展了多层次的税收信息交换与共享合作。

自2015年起，我国积极参与全球税收治理，正式加入金融账户涉税信息统一报告标准（CRS）。在2019年，依托"一带一路"税收征管合作机制，我国与34个国家和地区的税务部门签署了《"一带一路"税收征管合作机制谅解备忘录》。至今，理事会已扩大到36个成员国和28个观察员国。截止到2020年，我国通过《避免双重征税协定》（DTA）、《税务信息交换协定》（TIEAs）以及《多边税收征管互助条约》（MCAA），已与162个国家或地区建立了税务信息交换合作关系。

面对日益复杂的国际税收环境，我国仍需从其他国家和地区汲取经验和教训。随着经济全球化深入发展，我国应在以下三个方面继续加强税收征管。第一，针对跨境交易的不同业务模式，实施差异化的税收征管策略。第二，在现有的"一带一路"税收征管合作机制基础上，主动与更多国家和地区建立更为紧密的税收征管协作关系。第三，在加强国际税收征管合作的同时，也应当积极参与国际税收规则的制定，不断提升我国在全球税收治理中的影响力。

四、数字经济创新的税收征管实践经验

（一）加密资产的税收监管

1. 美国逐步加强对加密货币领域的税务监管

为加强对加密货币领域的税务监管，美国采取了一系列措施和方法。首先，2017年12月1日，IRS向加利福尼亚州联邦法院发起了针对知名加密货币交易平台 Coinbase 的诉讼，试图获取该平台 2013～2015 年所有用户的交易数据，但法院裁定只允许 IRS 获得那些交易总额超过 20000 美元的用户记录。其次，为了进一步规范加密货币领域，IRS 考虑将美国海外账户税收遵从法（FATCA）拓展到加密货币领域，但是到目前为止此项措施还未实施。最后，为了提高纳税人的税务合规意识，2019年，IRS 向那些可能未按规定申报加密货币收入的纳税人发送了所谓的"教育邮件"。该邮件的目的是引导纳税人按规定进行纳税申报。对于那些故意隐瞒或未申报的纳税人，邮件中明确指出他们可能会面临的严重后果，包括但不限于补税、罚款、利息，甚至可能受到刑事处罚。

2. 欧盟采取分类监管策略

欧盟对加密资产采取分类监管的策略，并对不同机构的职责进行了划分。其中，欧洲证券和市场管理局（ESMA）主要负责监管资产参考代币的相关交易，欧洲银行管理局（EBA）负责监管电子货币代币的相关交易。为了对加密资产领域实施更为有效的监管，欧盟要求所有的加密资产转让均需明确指出资产的来源及其受益人，并规定加密资产服务提供商（CASP）有义务向主管当局报告这些信息。此外，该规定同样也适用于非托管钱包（由私人用户管理的加密资产钱包）发起的交易。而针对纳税人将大额加密资产交易拆为多笔小额交易，以利用免税限额进行避税的行为，欧盟决定取消低价值转让的最低要求以及其他相关特例。

3. 英国对加密货币监管表现出积极态度

2023 年 6 月 29 日，英国正式发布《金融服务与市场法案 2023》（Financial Services and Markets Act 2023），其内容主要聚焦于四个部分。第一，重新对加密资产进行了更为明确和全面的定义，并规定所有的加密货币交易都属于受监管的活动。第二，该法案将稳定币视为合法的支付手段，并纳入监管框架之中。第三，创建了新的"特定活动监管制度"（Designated Activities Regime，DAR），针对加密货币的发行、支付、交换、投资和风险管理等不同环节进行分类监管。第四，建立了金融市场基础设施（FMI）沙盒，为新技术提供一个受监管的试验场所。

4. 日本制定差异化监管策略

日本根据加密资产的属性、功能及用途制定了差异化的监管策略。明确那些属于《金融工具和交易法》（FIEA）定义范畴，并以电子形式记录的可转让证券代币，都需按照《支付服务法案》的要求进行监管。此外，该法案同样适用于对比特币、以太坊等实用型代币的监管。针对稳定币，日本有意推动注册审查制度，并鼓励该行业成立自律组织。至于不在上述类别中的虚拟资产，尚未受到日本现有法规的约束。

（二）非同质化通证的税收监管

1. 美国对 NFT 的监管以自行申报为主

美国主要以交易者自行申报为主要监管方式，要求 NFT 交易者和创作者主动报告和纳税，保留相关的交易记录和信息。在实际监管过程中，为了提高监管的工作效率，同时为纳税人提供更为精细的服务，IRS 进一步细分了交易参与者的身份类别，并针对不同参与者设置了专门的税务申报要求。这种精细化的管理方式不仅有利于提高工作效率和准确性，还有助于强化纳税人的申报体验，提高纳税人的税收遵从度。

2. 欧盟可能按照加密货币的类型对 NFT 进行监管

目前，欧盟尚未制定专门针对 NFT 的监管策略，各成员国也缺乏统一的制度规定。2020 年，欧盟委员会发布了新的数字金融战略。该战略的核心内容之一就是加快推进加密资产市场法规草案（Markets in Crypto-Assets，MiCA），从而为不断发展的加密资产领域提供明确的法规规范。根据 MiCA，加密资产的定义并不局限于稳定币，而是以分散式账本技术（DLT）为核心。这样一来，NFT 就存在被 MiCA 纳入监管范围的可能性。

2023 年，最新的 MiCA 草案明确指出，如果某个 NFT 实质上并不是唯一的或非同质化的，如碎片化的 F-NFT（fractionalized NFT），那么这样的 NFT 则会被纳入 MiCA 的监管范围。最为关键的是，MiCA 在对加密资产进行评估和分类时强调，监管机构应秉持"实质重于形式"的原则，根据加密资产的实际性质和功能来确定其分类，而不仅仅是根据其发行者的描述或定义。

3. 韩国加大对 NFT 的监管力度

2022 年 2 月，韩国金融监督局（FSS）宣布将进一步加强对数字资产领域的监管力度，特别是会对 NFT 和元宇宙等新兴市场企业的 IPO 进行核查。随后，为应对数字资产市场的迅猛发展，2023 年 7 月，韩国颁布《虚拟资产用户保护法》（以下简称《保护法》），该法案是韩国继《特金法》之后第一部专门针对虚拟资产的独立法案。《保护法》的核心目标在于确保投资者的权益不受侵犯，主要内容聚焦于保护用户资产，打击内幕交易、市场操纵、欺诈性交易，以及提升虚拟资产服务提供商运营的透明度、规范性。此外，《保护法》对于违法行为制定了严厉的处罚措施。对于利用内部信息、操控市场价格或进行其他非法交易的行为，违法者都将面临 1 年以上的有期徒刑或被处以不超过其不正当收益五倍的罚金，具体罚款金额将根据违法行为产生的实际损益进行调整。

4. 新加坡根据 NFT 本质进行监管

新加坡金融管理局（MAS）表示目前没有计划对 NFT 领域进行监管，将遵循技术中立原则，通过"透视" NFT 的本质来确定其是否受 MAS 监管。如果 NFT 符合新加坡《证券和期货法》（SFA）中对资本市场产品的定义，它将受 MAS 监管义务的约束。例如，如果一个 NFT 的构建是为了反映对上市股票组合的权利，那么它将受到与其他集体投资计划相同的招股说明书、许可证和商业行为法规的约束。同样，如果一个 NFT 符合《支付服务法》（PSA）规定的数字支付代币的特征，那么该 NFT 的供应商则会受到相关的限制和要求。

5. 澳大利亚遵循技术中立原则对 NFT 进行监管

目前，澳大利亚尚未专门针对 NFT 出台明确的法律法规，但澳大利亚证券和投资委员会（ASIC）明确表示，对金融交易与服务的监管需要遵循技术中立原则。这意味着，无论使用何种技术，关键在于所提供的服务和交易都必须满足法律和监管要求。在澳大利亚，NFT 或数字资产通常不受监管。但如果 NFT 满足澳大利亚《公司法》中定义的金融产品标准，那么它将受到 ASIC 框架的约束，根据该框架，购买或出售数字资产需要澳大利亚金融服务许可证。

（三）平台经济的税收管理

1. 加拿大明确电商平台的扣缴义务

2021 年 7 月 1 日，加拿大政府对在线交易平台实施了新的商城征税规则（MTC）。以亚马逊为例，在其平台上进行的境内交易中，如果卖家未注册商品和服务税/统一销售税（GST/HST）的税号，加拿大政府要求亚马逊负责计算并代收代缴 GST/HST。而对于已经注册 GST/HST 税号的卖家则需自行申报，但亚马逊会为他们提供税务计算服务（TCS），并收取商品税费金额的 2.9% 作为计算服务费。对于跨境交易，只要交易的收货地址位于加拿大，无论卖家的发货地点在哪里，亚马逊都需要按照买家所在省份（收货地）的税率处理相应的消费税务事宜。此外，对于非加拿大的卖家或平台运营商，是否需要注册 GST/HST 取决于其在 2021 年 7 月 1 日前后的 12 个月销售收入是否超越 30000 加元，若达到这一标准，则必须完成注册。

2. 美国明确 Uber 平台中纳税主体的身份

在平台经济中，雇员与独立承包商的界定逐渐模糊。以美国为例，对于司机是雇员还是独立承包商的划分已经引起了广泛关注。在 2020 年，Uber 等平台企业成功说服了 20 多个州通过法律，将司机归类为独立承包商，这意味着平台公司不需要为司机预扣所得税、支付最低工资、缴纳社会保险、提供失业保险或提供其他福利和保护。而被认定为独立承包商的司机则需要预估其税务责任，并按季度预缴所得税和自雇税。但美国部分州，如马萨诸塞州、弗吉尼亚州和新泽西州认为 Uber 和 Lyft 的司机应当被视为雇员，并要求相关平台为其代扣代缴所得税。随后，美国劳工部（DOL）指出，许多工人实际上应被视为雇员，却被误归为独立承包商。为了减少这种错误分类，以及给招收个人工作者的企业提供更明确的指导，美国劳工部于 2022 年发布了《公平劳动标准法》（FLSA），通过雇主对员工工作的控制程度、工人的盈亏机会、工人工作所需技能的复杂度、工人与雇主工作关系的持久性以及工作是否为整体生产这五个因素来确定工人身份。

3. 欧盟强制要求电商平台提供卖家信息

2021 年 3 月，欧盟发布《行政合作指令第七修正案》（DAC7），将税收透明度规则扩展到数字平台企业，该指令强制要求电商平台在 2023 年起需向相关成员国的税务机关提供平台卖家的信息，包括卖家的姓名、地址、增值税税号、收款记录及支付费用等信息。此规定主要适用于房地产出租服务、提供的个人服务、产品或服务的销售（B2C 和 B2B）以及运输工具出租等业务。对于在亚马逊、eBay 等平台上销售上述产品和服务的卖家，若其公司已经在欧盟的任一国家或地区注册，并且销售额超过 2000 欧元或完成超过 30 笔交易，则必须遵循 DAC7。此外，DAC7 还要求平台提醒卖家补充缺失信息并确认现有信息的准确性。若卖家在收到两次提醒后仍未提交应申报的信息，平台有权关闭其账号或拒绝支付款项。

2021 年 7 月 1 日，欧盟第 2006/112/EU 指令进一步明确了在线交易平台的增值税纳税义务。该指令将提供产品的在线市场或平台（如亚马逊、ebay 等）视为供应商，并规定通过平台进口价值低于 150 欧元的货物将视同为平台从卖家手中购入该货物并后续转卖至消费者，平台需要承担增值税纳税义务且于买家所在地区（收货地）申报和缴纳增值税。此外，对于非欧盟企业的卖家，当卖家货物已提前仓储于欧盟境内并销售给欧盟境内消费者时（包括在同一国家销售和不同国家之间跨境销售），无论该产品的价值为多少，都将由在线平台代扣代缴增值税。

4. 数字经济创新税收管理的国际经验总结

对于加密货币和非同质化通证的税收监管，各国采取了一系列方法和措施。第一，各国监管部门加强了对数字资产持有者和交易平台的监管力度，并要求纳税人自行申报相关资产和交易。第二，各国进一步明确了监管部门的责任和义务，并在此基础上强化部门间的税收协作能力，以提高税收透明度和合规性。第三，部分国家通过创新监管制度提高监管效能。对于平台经济的税收管理，各国政府正不断明确和强化平台的税收责任。例如，要求亚马逊、eBay 等大型电商平台代收代缴相关税款；要求电商平台对卖家信息进行更为详细的信息披露；明确平台与员工之间的雇佣关系，确保双方都能得到公平的税收待遇。

加密货币交易在我国尚未合法化，一般是将其视为数字产品或者数字资产进行管理。而非同质化通证由于在我国仅作为数字收藏品，因此可以按照收藏品的相关税务规定进行管理。鉴于数字资产交易具有匿名性和高流动性的特点，在未来的税收政策设计中，应强制实施实名制管理，并要求数字资产持有者和交易平台主动将交易信息提供给税务部门。

近年来，随着平台经济的快速发展，我国从顶层设计到具体执行各个层面，出台了多份指导、规范平台经济发展的相关文件。尤其是在 2021 年，国家发展改革委、税务总局等九部门联合发布的《关于推动平台经济规范健康持续发展的若干意见》，提出了平台经济发展及监管的新要求与新举措，但具体细节并未从法律层面加以规范。而国外很多地区已经通过立法强制要求平台进行信息披露，并明确了其代扣代缴的相关义务。鉴于此，我国应继续完善相关法律法规，进一步明确平台的相关税收责任和义务。

第五章
用户创造价值的增值税
问题研究

随着商业模式数字化，企业无实体跨境经营、依赖无形资产、大量使用数据与用户参与等，使得各国的所得税征税权确定规则，即常设机构"联结度"规则受到挑战。由于缺少"联结"，来源地很难获得与其创造的价值相匹配的税收收入。在此背景下，OECD 提出要"使征税与价值创造相结合"，并于 2013 年将这一概念引入税基侵蚀和利润转移（BEPS）行动计划。以"在价值创造地课税"为出发点不断完善税收制度与政策，意味着在用户创造价值的情况下，用户所在地即可获得征税权。[①] 因此，当前关于用户创造价值的研究集中于用户参与与价值创造的关系、用户创造价值对所得税分配的影响等，涉及增值税的研究较为有限。

尽管用户创造价值是企业价值链[②]视角下的概念，价值链与生产交易环节并非一一对应，但其对应的新型商业模式涉及不同的"交易"，与增值税的征收紧密相关。实际上，用户参与是数字经济背景下数字企业商业模式的

---

① 有研究质疑价值创造能否成为分配征税权的基础，本文不就这一问题进行讨论。

② 价值链是企业在特定行业中为向最终客户提供有价值的产品（即商品和/或服务）而进行的一系列活动。这个概念最早由迈克尔·波特在其 1985 年的畅销书《竞争优势：创造和维持卓越绩效》中提出。价值链中的活动可分为主要活动和辅助活动。主要活动包括原材料的购买、生产制造、出货、销售、售后服务等；辅助活动包括企业的基础设施建设、人才管理、技术开发等。

重要特征，实践中已经出现了由于各方对用户创造价值增值课税相关问题的认识不同而引发争议的情况。这些争议的背后是新交易形式、新经营模式对增值税税制要素、税收征管的冲击，更是数据作为新的生产要素参与社会生产、对传统税收制度的设计原则和设计思路的挑战。深入分析用户创造价值的方式及其可能对增值税产生的影响，厘清当前用户创造价值各类交易征收增值税的争议及问题的核心，梳理总结用户创造价值的增值课税挑战，并提出完善增值税制度的思路和建议，对于我国在数字经济不断发展的背景下建立与新业态相适应的税收制度、完善税收治理体系，具有重要意义。

一、价值创造中的用户参与

欧盟报告提到，在数字经济背景下，用户数量能够直接提升企业价值、企业可以分析用户数据并向其直接投放广告、用户之间能够通过平台进行交流等（European Commission，2018）。约翰内斯·贝克尔等（2019）将这三种情况分别称为增强网络效应、提供用户数据以及用户创建内容。基于用户参与在数字化商业模式中的重要作用，OECD 也认为，数字化使用户有可能越来越多地参与价值创造过程。

（一）增强网络效应：数量驱动的价值增长

网络效应是指产品、服务或平台的价值与购买者、销售者或用户的数量等有关。通常情况下，购买者、销售者或者用户的数量越多，网络效应越大、产品创造的价值越大。也可以说，购买者的支付意愿随着购买者或者销售者数量的增加而增加。① 网络效应分为直接网络效应和间接网络效应。用户数量的增加会增加产品、服务或平台的价值，为直接网络效应。脸书（Facebook）、微信等社交媒体平台主要受益于直接网络效应，用户增加会提高平台服务价值，进而提升在线平台价值。若一项服务依赖于两个或两个以上的用户组，一个用户组人数的增加能够提升同一服务中其他用户组获得服务的价值，为间接网络效应。拼车平台主要受益于间接网络效应，有人拼车、同样需要拼车的人才会获益。由于用户数量与未来用户付费情况、企业经营息息相关，因而，受益于网络效应的企业在其最初发展阶段关注的并非经营利润，而是与用户数量直接相关的市场份额。

（二）提供用户数据：资产带来的经济利益提升

在数字经济中，用户数据被视为企业的核心资产，能够给企业带来经济利益。用户使用各类软件能够为商业企业提供大量个人数据。主要包括以下三种形式：一是用户在进行网站登录注册等时自愿提供的数据；二是在线平台记录的用户互联网浏览活动等数据；三是在线平台基于用户的在线活动推断的数据。② 企业通过分析数据能够更好地了解客户需求，进而改善服务质量、提高客户忠诚度，还能够通过增加与现有客户和新客户的互动，更好地了解市场情况及其演变，并对未来市场进行预测，以适应市场需求或主导市场发展、增加市场份额。此外，企业还可以依据数据分析的结果来优化运营、提高生产率等，以提高企业价值。

（三）用户创建内容：共创共享的价值生态

用户创建内容（user-created content），又称用户生成内容（user-generated

---

① Tim Stobierski. What Are Network Effects? [ER/OL]. (2020 – 11 – 12) [2023 – 04 – 28]. https：//online. hbs. edu/blog/post/what-are-network-effects.
② 应对数字经济的税收挑战：第一项行动计划 [M]. 北京，中国税务出版社，2015：109 – 127.

content），目前没有被广泛接受的定义。OECD（2007）总结了用户创建内容的三个主要特征：（1）公开发布；（2）内容中具有用户的创造性努力和新增价值；（3）通常没有机构或商业市场背景，未采取正规流程和专业做法（professional routines and practices）。从创作者角度看，可以将用户创建内容看作由与传统专业的媒体制作者相对的终端用户制作的各种媒体内容。用户创建内容的具体形式与发布平台相关，如博客平台可以发布音乐、视频等。发布用户创建内容的平台取得收入的方式包括自愿捐赠、向观看者收取服务费、收取广告费、授权第三方使用内容和技术的取费、向用户销售商品和服务取得的收入等；内容创建者的收入则主要来自广告收入分成。

用户参与使得商业模式发生变化，也在不同程度上改变了交易模式、交易链条，对当前增值税制度运行造成冲击。现实中，提供用户数据、用户创建内容引发了不少增值税课税争议。

二、用户创造价值增值课税的前提——交易关系的确认

2023年，意大利税务部门对 Facebook 社交平台于 2015～2021 年向用户提供的在线平台接入服务进行了增值税评估。意大利税务部门认为，用户用个人数据"交换"了平台服务，因此，用户注册并访问在线平台属于应税交易，Facebook 社交平台的持有者 Meta 公司应当就其向用户提供服务获得的收益缴纳增值税。[①] 2020年，英国税务部门对 Only Fans 在线平台的拥有者 Fenix 公司进行了增值税评估，认为 Fenix 公司以其分得的 20% 收入而非

---

① Francesco Nicolosi. Meta-Italian VAT case：Is Facebook free as it seems？ ［EB/OL］.（2023－03－29）［2023－05－02］. https：//morrirossetti. it/en/insight/publications/meta-italian-vat-case-is-facebook-free-as-it-seems. html.

从平台粉丝获得的全部收入为计税依据，少缴纳了增值税。①

这两个案例涉及提供用户数据及用户创建内容交易，尽管其中的税收争议并不相同，意大利案例的争议在于在线平台是否需要缴纳增值税，英国案例的争议在于计税依据的金额大小，实际上，两个案例中产生争议的核心问题是相同的，即提供数据或创建内容的用户与在线平台之间是否构成交易关系。

意大利和英国税务部门是基于用户与在线平台之间具有"交易"关系进行的税务评估。若交易关系成立，在线平台销售了服务，应当以服务的公允价格为计税依据缴纳增值税（交易关系见图 5 – 1）。对于用户创建内容，其中涉及两个交易关系，一是创建内容的用户与在线平台之间的交易，二是在线平台与消费内容的用户之间的交易。对于前者，在线平台购买了用户创建的内容，创建内容的用户应当以内容的公允价格为计税依据缴纳增值税；对于后者，在线平台销售了内容，应当以取得的销售收入为计税依据缴纳增值税（交易关系见图 5 – 2）。因此，在意大利案例中，Meta 公司负有增值税纳税义务，在英国案例中，Fenix 公司应当就通过粉丝获得的全部收入缴纳增值税。

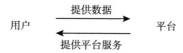

图 5 – 1　用户与在线平台交易关系（提供用户数据）

---

① 通过 Only Fans 在线平台，创作者将照片和视频等内容发布到各自的个人资料中，还可以向粉丝直播视频或发送私人信息，粉丝主要通过付费的方式进行访问。Only Fans 在线平台与内容创作者的收入划分比例为 2∶8，20% 收入归属 Fenix 公司，80% 收入归属创作者。Fenix 公司以获得的 20% 收入为计税依据缴纳增值税。欧盟法院对英国税务部门的做法表示支持。详见欧盟法院判决 Judgment of the Court in Case C – 695/20 ｜ Fenix International，https：//www. avukati. org/wp-content/uploads/2017/08/CP230037EN. pdf。

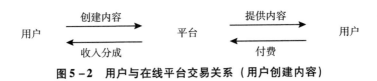

图 5-2 用户与在线平台交易关系（用户创建内容）

　　那么，确认提供数据或创建内容的用户与在线平台之间的交易是否合理？

　　根据《辞海》定义，交易指"物物交换"，后为"买卖的通称"，[①] 买卖这一法律关系建立的前提是，交易双方对各自的交易行为做出意思表示，并达成合意，即一方有出卖或获取的意思表示，另一方有出让或买受的意思表示，并对交易的标的、价格等达成一致意见。对于用户创建内容，多数在线平台会规定，内容版权归平台所有，并与用户达成收入划分的协议，此时，交易双方对交易的标的、价格都很明确，属于用户"主动参与"价值创造，但对于提供用户数据，很多情况是用户"被动参与"价值创造，用户与在线平台之间的交易标的、交易价格等并不明确，此时，能否认为二者之间形成了交易法律关系，并将在线平台向用户提供服务"视同销售"，可能会存在争议。

　　从交易关系看，在工业经济时代，为打破企业与用户之间存在的信息壁垒，企业会通过市场调研等方式获得与用户需求有关的数据，数字技术的发展使得企业能够直接获得用户数据并进行分析，此时，企业的商业模式并没有发生变化，只是获得信息的手段发生了改变。从交易给付看，企业获得与用户需求有关的数据需要进行货币给付，企业收集用户数据、获得用户参与和获得用户创建内容也需要给付对价，数据和内容的提供方都获得了利益，只不过，给付由支付货币变成了提供网络相关服务等。实际上，当前用户在使用网络服务时通常知道自己的数据会被在线平台获取并进行分

---

① 辞海 [M]. 上海：上海辞书出版社，1979：794.

析，但仍愿意继续使用在线平台服务，也可以理解为用户认同其与在线平台间的这种交换关系。增值税法的目标是基于交易的经济实质而不是法律形式进行征税（Williams，2004）。尽管交易形式与过去相比发生了变化，但基于经济实质，税务部门将在线平台向用户提供服务的行为判定为"销售"具有合理性。

基于此，应当从税法层面明确企业向用户提供各类服务、同时获取用户信息属于增值税征收范围。

三、用户创造价值增值课税的挑战

即使税法明确了用户与在线平台之间具有交易关系，由于价值创造主体、交易链条等的变化，当前增值税制度与政策的适用性仍面临较大挑战。

（一）用户创造价值增值课税对税制要素的挑战

1. 计税依据的确定难题

增值税通常以销售额为计税依据，包括货币形式以及非货币形式的经济利益。无论是哪种形式的收入，都能够反映出市场公允价格。当前，用户并没有就其创造的价值获得收入，作为用户提供数据的对价的"使用互联网服务"通常免费提供，也没有市场销售价格，那么，如何科学、合理确定交易的市场公允价格以进行征税，是需要考虑的问题。在工业经济背景下，由于专业化分工，价值在生产、流通、分配、消费各环节产生，每个环节的投入、产出都能被准确记录，而数字经济的价值创造过程、模式发生改变，当前税制很难确定创造价值的大小并进行征税。

2. 纳税地点的选择困境

在国内交易中，增值税实行道道征收，税收收入分布与交易环节相关，而在数字经济背景下，由于缺少中间交易环节，交易链条变得简单，商品可由生产地直接发往最终消费地点，在以销售方企业所在地为纳税地点的情况下，会出现增值税收入向销售企业注册地集中的现象。因而有学者基于增值税的"消费税"属性主张，建议以购买方所在地为增值税纳税地点。在国际实践中，爱尔兰等发达国家对 B2B 境内交易就是在购买方企业所在地课税。[①]

用户创造价值相关交易的纳税地点应当如何选择？若在销售企业所在地征税，如何理解和应对数字经济背景下的增值税收入集中现象？如何认识我国在增值税管理上与发达国家之间存在的差异？若在购买方所在地征税，纳税地点应当是平台注册地、平台常设机构所在地还是用户所在地？总之，纳税地点的选择会对税收遵从、征管成本、地方财力等产生重要影响，需要综合考虑税制改革方向、征管能力、地方税体系建设等一系列因素予以确定。

（二）用户创造价值增值课税对税收征管的挑战

1. 征管模式的适应性不足

出于税收风险的考虑，当前增值税征管的总体思路是"以票管税"[②]。依照现行规定，存在无法开具发票、计算抵扣的特殊情形，税收风险很高，偷漏税问题严重。传统的增值税价值链条具有链状结构，生产者、消费者身份各自独立，增值税通过销项减进项的方式征收（见图 5-3）。然而，在用户参与价值创造过程中，增值税链条具有环状特征（见图 5-4），上下游关

---

① B2C 境内交易的征税地点为销售方企业所在地。爱尔兰税务局网站，https://www.revenue.ie/en/vat/vat-on-services/when-is-vat-charged-on-services/general-place-of-supply-rules-for-services.aspx.

② 2013 年 10 月 1 日起，实行申报制的日本启动"合格发票留存系统"，实行发票制度，将发票作为消费税（consumption tax）抵扣进项税额的依据，以提高征管效率。

系复杂。一方面，由于其中很多环节不涉及支付交易，无法开具发票；另一方面，"产消者"① 存在"自开票"困难。对于用户创建内容的情况，用户应当为在线平台开具发票，在线平台可将其作为进项抵扣凭证。但很显然，无论基于操作性、还是征管成本，在用户参与价值创造的情况下，"以票管税"方式将很难发挥作用，纳税人的税收风险大大提高。

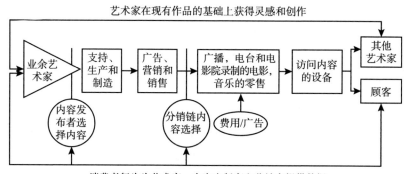

图 5 - 3　传统线下媒体出版价值链

资料来源：OECD（2007）。

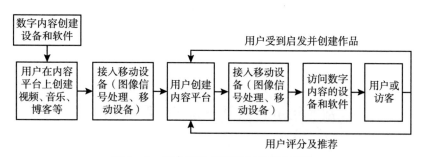

图 5 - 4　用户创建内容的互联网价值链

资料来源：OECD（2007）。

2. 征管技术水平有限

增值税链条中的主体多为从事生产经营的企业、个体工商户，自然人通

---

① 依据消费者或用户实际上通过参与生产过程来为价值创造作出贡献而新造的词汇。

常处于交易链条的最终消费环节。因此，当前的增值税管理方式是面向生产经营者制定的。生产经营者需要进行工商税务登记，并对每笔交易开具增值税发票、按照规定进行纳税申报，税务部门通过比对发票信息、纳税申报的各类信息等方式对纳税人进行税收管理。然而，对于用户创造价值的各类交易，大量自然人处于交易链条的顶端。如何向分散各处的自然人用户征税，对增值税征管形成严峻挑战。一方面，大量自然人进入税收管理范畴，税务部门缺少有效的管理抓手；另一方面，海量的交易信息将极大地考验税务部门获取、处理、分析数据信息的能力。

当前税收政策与税收征管存在问题的一个重要原因是，人们对于用户创造价值的界定、相关交易对商业模式与交易链的影响等的认识并不相同，因此，税务部门尚未形成获得普遍认同的征税方案。此外，科学、合理、高效征税需要以完善的法律、经济等制度为保证，以不同类型政策间的有效衔接作为支撑。数字经济中的新的商业模式、新的交易手段等，不仅冲击了传统税制的运行，也给法律、经济、会计等领域带来了新的问题，诸如数据权属、数据商品价值评估等法律、会计领域的问题尚未解决，给科学、合理课税增加了难度。

四、数字经济背景下完善增值税制度的思路

从在线平台角度看，用户参与价值创造涉及企业的"投入"生产与最终的"产出"消费环节，相当于延长了生产和消费两端的生产链条。由于交易不处于中间环节、没有对上下游企业生产经营产生不利影响，且未产生形式上的交易，因此，我国当前在政策层面对这一现象关注不足。

考虑到数字经济背景下税源结构的变化，我国应当正确认识用户创造价

值等新商业模式对税收制度的影响，不断完善包括增值税在内的税收制度，为经济社会的高质量发展提供基础性、支柱性、保障性作用。结合我国当前税收政策规定，为减轻税收争议，在征税范围上，税法应当明确用户向在线平台提供数据的同时，在线平台向用户提供服务为"销售"行为，此外，还需要对几项关键的税制要素进行完善。

第一，确定计税依据。增值税制度设计的思路是，在商品和劳务消费时，要按照商品、劳务的交易价格的一定比例进行征税，某交易环节的税收不会受到之前生产和分配过程中发生的交易次数的影响。因而，"交易价格"和"税率"是增值税制度设计的两项关键要素。为减少税收造成的经济扭曲，用户创造价值相关交易适用税率应当与增值税当前规定保持一致。关于交易价格，在数字经济背景下，缺少准确的交易记录是增值税征收和管理面临的重要挑战之一。

增值税中的交易价格即为计税依据。通常，计税依据会对税收收入产生直接影响。然而，对于增值税，生产中间环节的计税依据高低并不会改变最终的税收收入。基于增值税的计算规则，若交易价格高于市场价格，会增加商品、劳务提供方缴纳的增值税；若交易价格低于市场价格，会减少提供方缴纳的增值税。但无论此时征收的增值税偏高还是偏低，产生的税收收入问题都会在购买方进行增值税抵扣时被消除，也就是说，中间环节任何交易价格的扭曲最终会被中性化（Williams，2004）。从这个角度看，用户向在线平台贡献内容的"价格"高低不会影响最终的税收收入；在线平台为获得数据而提供服务是在最终消费环节，其"价格"会决定税收收入总额。

数字经济背景下，确定的"交易价格"可能不具有可比性，但应当具有：可操作性；稳定性、不会经常变动；通用性、普遍适用于同类交易等特征。在缺少市场公允价格的情况下，用户向在线平台贡献内容的交易价格并不会影响最终的税收收入，因此，应当尽量考虑可操作性、稳定性、通用性（结合计税方式，实际操作中，无须评估这部分交易价格）。在线平台为获得数据而提供服务的交易价格除考虑可操作性、稳定性、通用性外，还需要考虑税收收入的因素。由于存在信息不对称、专业受限等问题，税务部门可通过第三方评估确定计税依据；或者采用间接方式，以平台营业收入的一定比例作为应纳税所得额。

第二，确定纳税地点。增值税纳税地点的确定是税务部门对税务管理对象进行选择的结果，与税务部门征管能力紧密相关。在提供方企业所在地征税相较于在采购方企业所在地征税更好管理。要在购买方所在地课税，税收管理上需要应对大量分散、流动、信息不足的自然人的问题，存在很多理论与实践困难。因此，实践中，出于对征管成本和技术手段的考虑，即使是发达国家对于企业与自然人之间的交易也采取在销售企业的所在地征税的做法。

我国当前形成了以企业为管理抓手、以机构所在地税务机关征税为主、以销售地或者劳务发生地主管税务机关征收为辅的税收征管格局。在一般情况下，各税种纳税人需向机构所在地、实际管理机构所在地等的主管税务机关申报纳税，[①] 仅对于非固定业户经营、跨地区经营且未向机构所在地申报纳税等特殊情况，由销售地或者劳务发生地主管税务机关进行征税。基于管理成本的考虑，短期内，对于用户向在线平台贡献内容仍建议以销售商品、服务的企业所在地为纳税地点，即以在线平台所在地为纳税地点。纳税地点的选择与地方税源紧密相关，对于地区间税收收入差距将会拉大的问题，可以通过转移支付等手段对税收收入进行"再分配"。未来，也可以结合地方税体系建设、转移支付制度等，探讨在购买企业所在地进行征税的做法，甚至在技术手段条件满足时，对购买自然人所在地进行征税。

第三，完善计税方式与发票管理。发票是增值税税制设计落地的关键。

---

① 《增值税暂行条例》第二十二条、《财政部 国家税务总局 关于全面推开营业税改征增值税试点的通知》附件1《营业税改征增值税试点实施办法》第四十六条、《企业所得税法》第五十条、《国家税务总局 关于个人所得税自行纳税申报有关问题的公告国家税务总局公告》2018年第62号。

依托专用发票，增值税能够实现道道课征、环环抵扣，并充分发挥自我执行（self-enforcing）的制度优势。但是从交易环节看，增值税能够对中间环节税收进行有效"执行"[1]，对消费环节的监督作用较弱。因此，对于消费环节的用户创造价值交易可通过加强信息比对等方式，降低税收风险。对于生产端的用户创造价值相关交易，当销售方为自然人时，可以委托税务部门开具发票，但是，当自然人人数较多时，管理成本会大幅提升。此时，为简化管理，结合在销售企业所在地对其进行征税的做法，计税方式上可以借鉴逆向征收（reverse charging）思路，将用户向在线平台的提供视为在线平台"自己向自己"提供。首先，税务部门要对在线平台"自己向自己"提供数据进行征税，其次，税务部门要对在线平台向用户提供在线服务进行征税，而在线平台缴纳的增值税应当是其提供服务对应的销项与"向自己提供"数据对应的进项的差额。综上，在税务管理上，税务部门可直接对平台向用户提供在线服务交易进行征税，不必对用户向企业提供数据交易进行征税。

五、结论及研究展望

随着数字经济的到来，数据及用户参与改变了价值创造过程，其带来的新交易形式、新交易模式对包括增值税制度在内的税收制度运行产生了冲击。当前，基于公平正义的考虑，许多学者提出将用户创造价值作为国家间所得税分配的标准，然而，由于存在理论依据和作为理论适用对象的税基之间的不一致（乔安娜·海伊，2018），这一方案的落地仍存在许多困难需要解决。增值税也在政策上、征收管理上面临诸多挑战。本章结合用户提供数据及用户创建内容两类交易，对增值税征收中存在的政策、管理上的问题进

---

[1]　下游企业为进行抵扣，从而"监督"上游企业及时、准确交税。

行了分析，并基于增值税税制设计特征，提出考虑税收收入目标等原则确定计税依据、以在线平台所在地为纳税地点、借鉴逆向征收思路优化计税方式等完善增值税制度的思路。

在制度设计上，通过道道课征、环环抵扣实现"自我执行"是增值税的制度优势之一，这一优势保证了中间交易环节税收。从交易环节看，用户创造价值相关交易相当于延长了交易链条，没有对中间环节产生过多影响，另外，尽管部分交易链条发生变化在一定程度上冲击了现有税收管理办法，但这些问题可以通过适当改变管理方式加以应对。也就是说，尽管增值税是工业经济的产物，并且当前的制度运行遇到了问题，但其制度优势在数字经济背景下仍旧具有发挥的空间。但为了应对用户创造价值的增值税挑战、适应数字经济发展，增值税"链条"也需要延长，即在政策上明确用户创造价值相关交易的应税性，并不断基于数字经济背景下的交易特征完善相关政策。

由于数字经济增加值核算具有复杂性，本章并没有对如何确定计税依据提供解决办法，仅仅提供了确定原则上的建议。未来可以加强税收与经济、管理、统计、法律等之间跨学科研究，结合交易环节、针对不同类型的交易，确定一些关键指标，将计税依据进行"公式化"，以更好地进行课税。另外，本章没有对国际经验进行总结和梳理。未来可针对不同国家提出的扩大增值税征税范围、开征数据税（data tax，或称数据挖掘税 data mining tax）等措施进行梳理、总结与比较，结合国际税制改革趋势探讨我国应对数字经济挑战的增值税改革做法。

参考文献

[1] 乔安娜·海伊. "在价值创造地征税"与 OECD/G20 税基侵蚀与利润转移项目 [J]. 陈新，译. 国际税收，2018（6）：31-37.

［2］约翰内斯·贝克尔，约阿希姆·恩利施. 在价值创造地征税："用户参与"与它有什么关系?［J］. 刘奇超，任雪丽，译. 海关与经贸研究，2019（4）：91－109.

［3］Williams D. 增值税［M］//图若尼 V. 税法的起草与设计. 国家税务总局政策法规司，译. 北京：中国税务出版社，2004.

［4］European Commission. Proposal for a COUNCIL DIRECTIVE on the common system of a digital services tax on revenues resulting from the provision of certain digital services［R］. Brussels：European Commission，2018.

［5］OECD. Participative Web and User-Created Content：Web 2.0，Wikis and Social Networking［R］. Paris：OECD，2007.

［6］OECD. Tax Challenges Arising from Digitalisation—Interim Report 2018：Inclusive Framework on BEPS，OECD/G20 Base Erosion and Profit Shifting Project［R］. Paris：OECD，2018.

第六章

数字税：理论、发展
趋势及政策建议

一、数字经济对传统税收治理挑战的理论分析

数字经济是建立在现代信息技术和计算机网络技术基础上的经济运行系统，其本质特征是商品和服务数字化、商业管理模式的一体化和经济交易活动的网络化。数字经济的虚拟性、流动性冲击了传统税收治理的理论基础，这也是部分国家开征数字税的理论依循。

（一）数字经济的虚拟性冲击传统国际税收管辖权规则

数字经济的出现改变了全球经济价值创造、转让及分散的方式，对国际税收核心规则形成了巨大挑战，运行了百年的跨境企业所得税国际征税规则和理论已无法适应经济数字化下新的价值创造方式。传统意义上，机构场所和人两个要素成为跨境交易是否在该国缴纳税款的有效关联和经济联结，而数字经济打破了传统跨境贸易与来源地之间的物理联结和经济联结，以数字

联结取而代之。目前，传统以常设机构为征收原则的国际税收规则难以适应新的环境变化，一定程度上助长了跨境企业利用税制不健全进行税收套利的动机。数字跨国企业不需要设立常设机构，长期依靠用户参与活动创造价值来赚取巨额的收入。根据现行的联结度和利润分配的国际税收规则，由于缺乏税收实体，产生巨额利润的跨国企业在用户创造价值的管辖区缴纳极少的税收，甚至通过一系列手段逃避在利润来源国的纳税责任。这样的状况凸显了现行国际税收规则在数字经济环境下缺失的公平性，造成了严重的税收治理矛盾。

（二）数字经济的流动性导致税负公平理论难以为继

以数据等无形资产为核心的价值创造模式使得跨国数字企业能够很便利地配置全球利润结构，如将数据等无形资产以低价授权给运营在低税率国家的分支机构，以高价授权给运营在高税率国家的分支机构，从而实现利润的全球转移与再分配，进而"合法"地"侵蚀"税基，逃避纳税责任。另外，高度数字化的企业通过互联网在全球范围内从事经济活动，向消费者提供数字产品和服务以获得巨额利润，然而巨额的利润却没有公平地在各市场辖区国家被征税，造成跨国数字企业与市场辖区内其他企业税负的不平等。例如，欧盟委员会对辖区内跨国数字企业的纳税情况进行了调查，发现欧盟辖区内数字企业的实际平均税率为 9.5%，而传统企业的实际平均税率为20.9%；跨国数字企业的实际平均税率仅为 10.1%，而跨国传统企业的实际平均税率为 23.2%。可见，数字经济的流动性使得税负公平理论难以实现。

（三）数字经济的动态性打破传统的税收治理结构

传统的税收管理体系是针对单一纳税主体经济活动而设计构建的，无法适应数字经济流动性强、生产要素高效整合的特点。单一纳税主体经济活动的主要特点是生产经营区域在空间上比较固定，企业员工数量、经济交易规模与生产经营空间规模是相匹配的。然而，数字经济的发展改变了传统经济模式，其突破了空间限制并且使得生产要素流动更加迅速。具体表现为：现行的税务登记、发票管理、申报征收、税务检查等都是以属地管理为基础，税收征管的属地化与数字经济的无址化和跨区域化矛盾突出，造成属地原则难以适用对数字经济的征税，税收的监管和税收收入的分配更为复杂。同时，传统税收管理的分散性和静态性也难以适应数字经济的协同性与动态性。传统的税收管理与服务更加强调专业与细化，这不但导致经济活动主体的信息分散在各个管理环节，也使得相关信息隐匿在海量的信息海洋中。在数字经济发展驱动下，分散的信息需再次重组与整合才能发挥效能并支持税收治理决策。同时，税务机关需要不断更新管理理念与方法，以适应数字经济带来的纳税人行为模式发生的巨大变化。

（四）数字经济的新价值创造方式凸显税收治理不完善

当前数字经济的发展使得传统价值链模式和价值创造模式被颠覆，导致纳税人身份难以判断，交易地和纳税地难以确定，交易性质难以划分。一是纳税主体信息获取难。税务机关很难在数字经济交易中获取真实全面的交易信息，进而难以掌握纳税主体的完整信息，加之各类数字平台交易活动具有虚拟性，税务机关无法根据虚拟交易活动以及动态的收入确定纳税主体。二是收入来源和性质较难确定。数字经济催生的新型业态呈现出合同签订模式多、服务形式杂糅混合、产业价值链条更加复杂等特征。数字化交易方式使得传统交易方式下形成的各类所得的界限变得模糊不清，利用现行规定很难对这些业务收入的来源和性质进行确定。例如，平台经济的发展使得个人报酬形式变得多样性，诸多个人收入难以准确划入正列举法下的某种收入类型，进而也就无法确定应该按照什么样的税收政策去征税，由此加剧了偷税漏税，导致收入分配的不公平。三是交易地和纳税地难判别。数字经济活动已经不受地域和时间的限制，网络化和远程化的销售和服务方式，不需要在市场国设立实体化的机构、场所。数字化产品或服务的无形化特征，加上 IP 地址及网址可以篡改，使得税务机关对交易的时间和地点难以追踪。

二、国际应对数字经济对税收征管冲击措施的演变及趋势

数字经济对税收征收管理权的冲击引发了国际社会对税收管辖权及征税规则进行尝试性修改的动机。同时，出于国内政治及社会压力，目前诸多有在价值创造地征税诉求但限于现有国际税收规则无法如愿的国家采取征收数字税的方式捍卫本国的税收权益。

（一）国际社会尝试修改税收管辖权及征税规则

面对数字经济对传统税收管辖权的冲突，主要国家和国际组织都在努力寻求共同解决方案，提出修改税收管辖权及征税规则，避免大型跨国企业依据现行国际税收规则逃避纳税责任。从最初 BEPS 行动计划，到 2019 年经济合作与发展组织（OECD）"双支柱"方案建立，再到 2020 年国际税收规则改革方案（即"双支柱"方案蓝图报告），国际社会对于数字经济税收征管的认识不断深入。2021 年 7 月 1 日，OECD 包容性框架中的 130 个国家（地区）发表一项联合声明《关于应对经济数字化税收挑战"双支柱"方案声明》，宣布就新的国际税收规则达成协议（以下简称"协议"），拟对现行国际税收规则进行改革。2023 年 7 月 12 日，OECD 发布了《关于应对经济数字化税收挑战的双支柱解决方案的成果声明》（以下简称"声明"），该声明提供了"双支柱"方案的最新实施情况和时间表。BEPS 包容性框架（IF）的 143 个成员国中已有 138 个签署了该声明。OECD 于 2024 年 2 月 19 日发布支柱一金额 B 最终报告，并纳入 OECD 转让定价指南。尝试修改税

收管辖权及征税规则的主要内容如下。

1. 修改常设机构的范围和认定标准

国际社会提出各种旨在扩大常设机构适用范围，并将数字经济中特定范围的企业（如数字型企业）纳入其中的多项提案。其中，OECD 使用虚拟常设机构这一概念，判定数字型企业利用一国网络空间场所开展远程销售业务是否构成传统意义上的常设机构（即在虚拟空间拥有固定营业场所），并按照不同的认定标准，将虚拟常设机构划分出三种情形：一是虚拟的固定营业型常设机构（借助一国服务器经营网站开展业务）；二是虚拟的代理型常设机构（在一国能经常代表企业与位于他国的人网签合同）；三是现场营业存在型常设机构（外国企业在消费者所在地提供现场服务或业务接口）。提出虚拟性常设机构概念的目的主要是弥补传统经济下常设机构定义的缺陷，使得实体管辖权与执行管辖权有机结合。

2. 修订联结度规则和利润分配规则

2015 年，OECD 提出显著经济存在的概念，主要根据年度收入、用户数量以及与境内企业所达成的数字服务合同的数量等，来判断非居民数字企业对一国经济所产生的实质性影响，并根据影响的程度来界定该企业在一国是否具有实质性存在，由此为来源国行使税收管辖权提供理论依据。2018 年，OECD 又将跨辖区无实质的规模（即拥有大量客户并实现高额销售收入，但厂房和设备投资相对较少）、高度依赖无形资产以及数据和用户参与度作为影响数字经济价值创造过程的关键要素，推出用户参与、营销型无形资产和显著经济存在等新的联结度判定规则。2018 年，欧盟针对大型互联网企业提出了显著数字化存在规则，这是对显著经济存在规则的进一步细化，以便使这种基于显著数字存在的执行管辖权与各成员国的实体管辖权保持一致。这与 OECD 提出的基于重要数字存在的新型联结不谋而合。OECD 和欧盟分别就构成重要数字存在的具体条件进行了界定，这些条件包括网签合同、广泛使用或消费、大额支付，以及位于该国的分支机构向该国的客户提供与企业主营业务关联甚密的辅助功能等。OECD 和欧盟一致认为，一个从事数字活动的企业通过定期、系统地监控该国互联网用户而取得私人数据，并运用这些数据在一国开展重要业务时，其重要的数字存在便产生了。为使各国尽快达成共识，2019 年，OECD 发布了《形成应对经济数字化税收挑战共识性解决方案的工作计划》，该工作计划中的支柱一方案对利润分配和联结度规则作了进一步修订，明确将跨国企业的全球利润分配给用户所在国或市场国，该提案融合了用户参与、营销型无形资产和显著经济存在提案的内容，拿出了"统一方法"，即对达到规定门槛的大型企业，市场国有权对其与市场国有着"持续且重大"联系的利润进行征税。之后，各协议国对支柱一方案具体内容进行了调整和细化。

●●

专栏 1 支柱一的主要内容和贡献

支柱一意在应对经济数字化跨境课税挑战，通过引入全新联结度规则（新规则独立于现行常设机构规则概念）及"市场管辖区"概念，实现大型跨国企业全球利润征税权在各辖区间重新分配。它认可市场为价值创造所作贡献，数据与劳动力、资本、技术等其他生产要素一样可以获得利润回报，进而提出赋予市场国新征税权的规则条件，将跨国公司部分剩余利润（金额 A）单独分配给市场国征税，预计每年将有超过 1250 亿美元的利润重新分配给市场国。

支柱一由金额 A、金额 B 和税收确定性三部分组成。其中，金额 A 是最重要的部分，它主要解决征税权在跨国企业居住国与市场国之间的重新划分问题。根据金额 A 的设计思路，跨国企业即使不在市场国（含地区）设立任何机构、场所，也要将自己的一部分利润以金额 A 的形式分配给市场国。但该协议取消了蓝图报告中金额 A 只适用于自动数字服务和面向消费者经营的行业限定，规定凡是年度全球营业收入超过 200 亿欧元，同时税前销售利润率在 10% 以上的跨国企业都适用金额 A。协议还规定，金额 A 在 2023 年开始实施的 7 年后，经过评估如果进展顺利，则营业收入的门槛将降为 100 亿欧元。在金额 A 的制度中，除了适用范围以外，联结度规则也非常重要，它决定哪些市场国能够拥有分得金额 A 的权利。蓝图报告并没有给出具体的金额标准，而协议则明确规定为 100 万欧元，即适用范围内的跨国企业只要从某个市场国取得至少 100 万欧元的营业收入，就要向该国分配一部分金额 A 以供其征税。为了照顾小国的利益，协议还规定，对于 GDP 少于 400 亿欧元的国家，联结度标准降为 25 万欧元。在确定金额 A 的数量方法上，协议规定企业应将销售利润率 10% 以上部分的利润作为剩余利润，跨国企业应从剩余利润中拿出 20% ~30% 作为金额 A 分配给市场国，分配的具体依据为跨国企业在不同市场国营业额的占比。协议还规定，当跨国企业在市场国设有营销或分销机构并按照公平交易原则将一部分剩余利润分给市场国作为其征税的依据时，营销和分销利润安全港应是通过金额 A 向市场国分配剩余利润的上限，以避免出现双重征税。

金额 B 针对跨国企业在市场国设立的营销或分销机构，其目的是将目前依据营销商或分销商承担的功能和风险"一户一率"地确定利润水平，改为按公式法"一刀切"地计算出应分给市场国的利润（金额 B）。金额 B 的设计初衷主要是照顾发展中国家特别是小国，其税务部门的谈判能力较弱，从而在与营销商或分销商利润分配的谈判中会处于劣势地位。协议在金额 B 的问题上没有过多明确表态，只是原则性地提出在从事基础营销或分销活动的国家应用公平交易原则应当注意简化并提高效率，并且要特别关注能力较低国家的需求。

关于税收确定性，协议也采纳了蓝图报告提出的对涉及金额 A 的问题应建立强制和有约束力的争议防范和争议解决机制，但与蓝图报告不同的是，协议允许发展中经济体采用一种被称为"选择性约束性的争端解决机制"，即只有在当事国双方主管税务当局都同意的情况下才可以使用这种约束性的争端解决机制。这是发展中经济体在包容性框架的谈判中努力争取的结果。

3. 对数字化产品和服务实行目的地或消费地征税原则

欧盟规定，自 2015 年 1 月 1 日起，数字化货物和服务都由消费者所在地征税。同时，对企业与企业（B2B）跨境交易采取逆向征收机制，由接受服务的本国企业作为增值税纳税主体；对企业与消费者（B2C）跨境服务贸易则采取"迷你一站式征税"机制，即当欧盟成员国的供应商异地销售超过一定标准时，就必须在业务发生地成员国登记注册并缴纳增值税。2017年 12 月，欧盟又将"一站式征税"的覆盖范围扩大至非欧盟成员国，即就欧盟以外对欧盟各国的跨境电子贸易而言，销售商要在欧盟其中一国注册登记，并申报缴纳销售给欧盟的全部增值税，而不需要分别在各国注册、缴税。在税收执行上，由电子商务平台按照规定对这部分增值税履行代扣代缴义务。此外，OECD 发布的《国际增值税/货物劳务税指南》也明确了目的地原则为实质性管辖原则，主张将消费者所在地作为对跨境 B2B 服务供应商征收增值税的重要参数，并建议采用逆向征收机制。

（二）部分国家单边开征数字税

由于修改税收管辖权及征税规则尚未在全球范围内形成一致性意见，并且出于国内政治及社会压力，诸多国家选择单边开征数字税，主要原因有三个。一是缓解税收治理矛盾。数字税的征收利用了价值贡献原则，考虑到了数字用户对互联网企业的实际价值贡献，促进了跨国数字企业全球收入的合理分配。征收数字税能够给予数字经济价值创造链条中不同的国家和地区的用户群体合理分配数字服务收入的权力，确保税收管辖权相互独立的各辖区公正参与国际税收利益分配，从国际数字交易所得中获得相对合理的税收份额，保障不同国家和地区具有不同层次的数字经济发展空间，能够有效解决国际税收规则在数字经济环境下缺失公平造成的税收治理矛盾。二是促进税负平等。征收数字税能够促进数字跨国企业利润在各市场辖区国家内公平征税，从而确保跨国数字企业与市场辖区内其他企业税负平等，同时弥合跨国数字企业和跨国传统企业的税负差距。三是推进数字消费中创造的价值向公众进行再分配。数字经济中，消费者在享受数字企业服务的同时，又通过观看广告、进行社交媒体分享等消费活动产生价值，成为"产消合一者"。而现行税制下，数字消费创造的价值主要被数字企业占有，公众的权益受到损害。开征数字税有利于数字消费中创造的价值向公众进行再分配，提升社会总福利。

总体上看，已经开征或者表示支持征收数字税的国家基本都是数字经济发展相对落后的国家。它们是大型互联网企业产品的使用者，而不是大型互联网企业的拥有者；它们是大型互联网服务价值的创造者，而不是大型互联网服务利润的受益者。

三、开征数字税的国际实践

2018年3月，欧盟立法提案拟对现行大型互联网企业"只需在总部所在地一次性缴税"的征税规则作出调整，修改成"任何一个欧盟成员国均可对其境内发生的互联网业务所产生的利润征税"。2019年7月，法国宣布，计划对全球多达30家大型互联网企业征收3%的数字服务税。随后，英国和印度确认对亚马逊、苹果、Facebook和谷歌等大型互联网企业在其国内所产生的在线营业收入征收2%的数字服务税。在全球范围内，征收数字税已形成了显著的连锁示范效应。在2021年底，国际税收"双支柱"改革方案得到包容性框架绝大多数成员国同意之前，作为应对数字经济的单边性措施，已开征数字税的国家有14个，其中亚洲国家6个、欧洲国家7个、美洲国家1个；准备开征数字税的国家15个，其中亚洲国家3个、欧洲国家7个、非洲国家2个、美洲国家2个和大洋洲国家1个。

（一）数字税的总体情况

从已实施或拟实施数字税国家的税制设计看，数字税主要适用于以用户参与创造价值为特征的部分数字经济活动，征收对象为在线广告服务、在线中介服务（社交网络、交友网站等）、在线市场（多方销售平台等）、数据传输服务等。数字税使用收入而不是利润作为税基，一般以企业在全球范围内的年度总收入和在本国提供数字服务取得的收入为征税门槛。在计算应纳税收入时，大多国家采用收入来源国用户数量或数字合同数量占全球用户数量或数字合同数量的比例乘以总收入的方式。税率为在2%～7.5%不等（崔景华，2021），如表6-1、表6-2所示。

表6-1 部分国家数字税方案介绍

国家	税率	征收范围	全球起征点	国内起征点
奥地利	5%	在线广告服务	7.5亿欧元	2500万欧元
法国	3%	提供数字接口服务；定向广告服务；传输以广告为目的的用户数据服务	7.5亿欧元	2500万欧元
匈牙利	7.5%	在线广告服务	1亿福林（30万欧元）	不适用
意大利	3%	在线广告服务；允许用户买卖商品和服务的多边数字接口服务；使用数字接口生成的用户数据的传输服务	7.5亿欧元	550万欧元

续表

国家	税率	征收范围	全球起征点	国内起征点
土耳其	7.5%	在线广告服务；通过数字平台销售视听内容或在线内容的销售服务；在线中介服务	7.5 亿欧元	310 万欧元
英国	2%	搜索引擎服务；社交媒体服务；在线市场广告服务	5 亿英镑（5.54 亿欧元）	2500 万英镑（2800 万欧元）
西班牙	3%	在线广告空间、用户互动中介活动、出售用户产生的信息数据	7.5 亿欧元	300 万欧元
印度	2%	在线广告服务以及用于在线广告的其他配套服务	不适用	100000 卢比
新加坡	7%	跨境数字企业进口服务	100 万新加坡元	10 万新加坡元
日本	8%	数字企业	1000 万日元	

资料来源：世界银行（World Bank）公开数据。

表 6 - 2　　　　　　　　部分拟开征数字税国家方案介绍

国家	状态	税率	征税范围	说明
泰国	拟推进	7%	提供数字服务收入	计划对亚马逊和脸书等互联网企业征收电子商务销售增值税的同时，也在考虑对泰国本地互联网平台的收益进行征税以及对从泰国获得收益的国外公司征收单独的数字服务税
菲律宾	提出提案	12%	线上租赁服务、电子商务	
缅甸	拟推进		提供数字服务收入	对海外提供的数字服务征收所得税
斯洛伐克	拟推进	21%	交通运输与住宿中介	通过数字平台反复调解运输和住宿服务的外国企业
波兰	拟推进	3%	数字企业出售在线广告空间、用户互动中介活动、出售用户产生的信息数据收入	

续表

国家	状态	税率	征税范围	说明
俄罗斯	拟推进	15.25%	提供数字服务收入	凡是向俄罗斯个人提供数字服务的非本国公司，对其收入征收15.25%的增值税
比利时	提议	3%	出售用户数据	

资料来源：世界银行（World Bank）公开数据。

（二）数字税的差异性分析

目前，各国实施的数字税在征税对象、起征点设置、税率水平设置上均有区别，主要表现如下。

（1）对象差异性。数字税设计中，各国将企业的在线广告服务、提供数字接口服务、使用数字接口生成用户数据的传输服务、搜索引擎服务、社交媒体平台服务等经营活动中获取的销售额作为课税对象。可见，数字税的征税范围涵盖了资源型、技术型、融合型、服务型等各类数字经济类型，但不同国家之间数字服务税的征税范围存在较大差异（白彦锋，2021）。例如，奥地利和匈牙利只对在线广告这类服务型数字经济征税；法国数字税的征税范围既包括以定向广告为主的服务型数字经济和传输以广告为目的的用户数据的资源型数字经济，也包括提供数字接口等服务的技术型数字经济；英国主要对搜索引擎、社交媒体平台和在线市场等技术型、融合型及服务型数字经济征收数字税。

（2）起征点设置差异。大多数国家依据数字企业全年营业收入规模来界定数字税纳税人的身份及税收起征点，起征点在各国具有一定差异。一般情况下，全年营业收入的起征点应同时满足两个指标，一是数字企业全球年营业收入规模门槛，二是数字企业在征税国的年营业收入规模门槛。但也有个别国家只选取两者中的一种作为起征点的设置依据。例如，匈牙利只设定全球营业收入起征点，而印度与此相反，只设定印度国内营业收入起征点。目前，学术界与实务界对数字税的指责主要集中于征税门槛的设置。单从欧盟委员会提出的全球营业收入超过 7.5 亿欧元的门槛看，就将大多数缴纳数字税的企业锁定为规模大、实力强的美国企业，但这些企业可以利用自身垄断优势轻易将税负转嫁出去。

（3）税率水平设置差异。在数字税具体制度设计中，各国制定了差异化的单一税率。数字税税率设定在 2% 到 7.5% 的区间内，平均税率约为 4.3%。例如，英国的税率水平较低，仅为 2%，土耳其则高达 7.5%，而法国和意大利为 3%，奥地利则设定了 5% 的税率水平。相比而言，这些国家国内增值税标准税率一般在 13.5% 到 27%，平均税率约为 20%。可见，虽然数字税和增值税都属于流转税类，但各国税率水平差距较大。

（三）数字税的总体特征

一是数字税征税形式多样且趋向于特定税。各国开征的数字税征税形式多样，以新加坡、新西兰、俄罗斯、斯洛伐克等国为代表的国家对非居民企业征收其向本国用户提供相关数字服务的消费税或增值税。以印度为代表的衡平税，采用类似于预提税扣缴机制，就非居民企业单笔应税交易的交易额超过 10 万卢比（约人民币 1 万元）或在一年内一个付款方向同一收款方支付的应税交易总额超过 100 万卢比，按收入总额或应收账款总额课征 6% 的衡平税。为了解决常设机构判定模糊问题，OECD 也曾建议对数字经济征收预提税。以法国、英国、意大利等欧洲部分国家为代表的国家基于特定数字服务收入门槛设立数字服务税。总体看，部分国家推出的数字税实际是基于一定门槛而设立的新税种，税基是企业营业收入而非利润，并根据数字企业的全球营业收入和在纳税国家的营业收入等条件设立一定标准的起征点，以探索解决跨国数字企业避税问题。

二是数字税的征收对象仅是特定商业模式的收入。数字税的征收对象不是数字科技公司，而是数字科技公司的特定商业模式，主要包括在线搜索引擎、社交媒体平台、在线中介平台、数字内容流媒体、在线游戏、云计算服务、在线广告服务等。

三是数字税更趋近于数字增值税。互联网创造的数字经济巨额效益依赖于网络用户的增加，得益于强大的客户或者使用者网络效应，获利于使用者创造的数据和内容贡献。数字税的征收对象是用户对数字服务价值创造的增值贡献，是对数字服务用户为互联网企业创造价值的增值收入征收数字税，数字税实质是数字服务增值税。

四、开征数字税对全球经济社会带来的主要影响

单边开征数字税对全球经济社会带来深远影响，如不利于数字企业和数字经济健康发展，导致双重征收问题重启、国际贸易问题愈演愈烈等。

（一）不利于数字企业和数字经济健康发展

单边征收数字税会严重扭曲企业提供和消费数字服务的行为，最终不利于数字企业和数字经济的发展。一方面，引发数字企业转嫁税收成本甚至减少征收国的数字市场销售服务。目前，数字税的征税对象主要为大型跨国数字企业，这些企业大多在数字市场占据优势地位，面对数字税，一般可通过上调服务价格等方式将部分税负转嫁给消费者和其他企业。比如，作为对法国征收数字服务税的反击，亚马逊对法国在线卖家提供服务所收取的佣金标准提高了3%。谷歌也提高了在英国、土耳其和奥地利等国广告服务的收费（张巍，2021）。但是，跨国企业的税负转嫁并不是百分之百，没能转嫁出去的税负势必影响企业的盈利水平。跨国数字企业还会通过减少征收国的数

字市场销售服务来抵抗数字税（宋丽颖，2021）。例如，法国在数字税实施的第一年，共取得了3.5亿欧元的收入，这与之前法国财政部估计的5亿欧元税收相比减少了30%。缩水的税收收入说明征收数字税后跨国数字企业在法国数字市场的销售额减少了。

另一方面，不利于传统企业数字化转型。处于优势地位的平台企业通过上调服务价格可将新增税负的大部分转嫁至数字经济价值链上的各类企业，使依赖和受益于数字服务的相关企业受到影响。数字税增加了使用线上平台服务企业的交易成本，并减少了其利润，有可能使企业放弃数字服务。同时，数字税的征收将增加传统企业数字化转型的成本，有可能产生转型后的收益比转型前更低的情况，从而扭曲传统企业的决策，改变它们数字化转型的进程，进而影响数字经济的发展。

专栏2　两类企业受数字税影响较大

在所有不得不承受成本上涨压力的企业中，有两类企业受影响最为明显。一类是无力支付线下实体巨额广告费、一直以来都在线上进行宣传的中小企业。由于它们在商业谈判中并不具备议价优势，在平台数字企业提高佣金和广告费用时，它们只能选择继续经营并支付更高的服务费或者放弃服务。对那些本就处境艰难、利润微薄的小企业而言，平台费用上涨极可能迫使它们退出数字平台。另一类是初创型数字企业。它们是维持市场活力、避免垄断的主要力量。由于正处于成长阶段，还没有足够的研发资金支持它们完全摆脱技术依赖，它们的发展更多是跟随着行业头部企业制定的标准，面对头部企业的涨价策略它们同样选择不多。数字税的征收最终会使本就处于弱势的企业承担了实际税负，影响了这些企业的竞争力和健康发展。

(二) 双重征税 "沉渣浮起"

由于数字税不适用于税收协定，且居住国没有义务为企业在别国缴纳的数字税提供税收抵免，这就产生了最令学术界担忧的双重征税问题。一旦居住国不对企业缴纳的数字税进行抵免，则企业收入大概率会在居住国与来源国被重复征收。例如，美国就明确表示，数字企业在别国缴纳的数字税税款不能用于抵扣本国的公司所得税。也就是说，数字税埋下了双重征税的隐患，该隐患将进一步迫使涉税企业采取各种方式消化和转嫁新增的税负，不利于数字经济的发展。

(三) 导致国际贸易争端愈演愈烈

单边数字税的征收势必引发国际贸易争端。例如，法国数字税触动了美国互联网巨头的利益，美国以数字税违反国际税收主流原则、美国科技企业遭遇不公正待遇为由，开启反制措施。美国自 2019 年 7 月起首次对法国展开长达 4 个月的 301 调查，同年 12 月一再声称要对法国大额进口货物课征高税。2020 年 6 月起美国又对欧盟、印度等 10 个贸易伙伴的数字税开启301 调查，以确定该法案是否存在歧视且对美国商业构成损害。2021 年 3 月26 日，美国贸易代表办公室宣布，准备对奥地利、印度、意大利、西班牙、土耳其、英国加征惩罚性关税，以报复这些国家对美国互联网巨头企业征收数字税的行为。部分欧盟国家惧于美国的贸易报复而对征收数字税持保留意见，比如瑞典、芬兰和丹麦。德国曾坚定支持法国开征数字税，但因担心美国会以提高德国汽车进口关税进行报复而左右摇摆。

尽管 OECD 最新公布的 "双支柱" 方案中通过引入了全新联结度判定

规则及"市场管辖区"概念改变跨境所得征收规则，① 但是"双支柱"方案的实施需要各国完成起草和签署多边公约、国内立法等程序，程序较为烦琐，距离真正形成针对数字经济发展的长期稳定的国际税收新规则仍需要很长时间。同时，支柱一的实施将给大型跨国企业带来很高的遵从成本，也对税务机关的征管能力提出更高要求，这对国际税收新规则的落地实施带来挑战。总而言之，支柱一实施的不确定性将给数字税的无序博弈带来更大空间，也必然存在由无序征收数字税所导致的贸易争端愈演愈烈的风险。

专栏3　支柱一实施中存在的困难

首先，支柱一以跨国企业集团为基础进行核算，剩余利润分配和税款缴纳涉及众多辖区，易产生多边税收争议。其次，在跨国企业集团同时适用支柱一和现行国际税收规则的情况下，也易发生重复征税问题。最后，虽然包容性框架有近140个辖区参与了"双支柱"方案的协商，但规则制定过程仍然由发达国家主导，这都不利于"双支柱"方案成为稳定、包容、普惠的多边协调治理机制。特别是发展中国家因税收话语权有限，税收利益未能得到充分维护，作为潜在市场国从支柱一中分得的利润较为有限，而面临的征管能力挑战更为严峻，进一步影响新规则的落地。

---

① 明确了新联结度仅适用于新征税权，仅作为向市场国进行利润分配的前提条件。新联结度不会替代现行国际税收规则的联结度，而是与之并行。新联结度不再采用旧联结度的定性标准，而是采用定量标准。其规则原理是纳税人源自某一市场的营业收入，无论在当地生产还是远程生成，只要是数量达到设定的标准，就认为纳税人对该市场的经济参与程度由量变转为质变，即可认定新联结度的建立，该市场国由此具备获得分配一部分数字服务收入的权利。这意味着跨国企业集团可以不在市场国有任何物理存在的情形下对市场国经济构成显著且持续参与。OECD将营业收入的绝对值数量作为认定市场是否构成新联结度的唯一标准。

五、建立健全我国数字经济税收制度的思路与政策建议

我国既是全球数字经济生产大国，也是全球数字经济消费大国，必须积极应对单边数字税对我国跨国数字企业带来的冲击。同时，由于我国现有税收体系滞后于数字经济的发展，也需要系统性完善数字税制。另外，还需积极参与数字经济国际税收规则的制定，在新的国际征税权分配博弈中最大化保护我国税收利益。

（一）审慎对待数字税

一方面，从数字税本身来看，数字税是数字经济发展较弱的国家为了弥补现行国际税收规则对数字经济发展的不适应性，避免大型跨国企业依据现行国际税收规则逃避在本国的纳税责任，加之全球性解决方案无法在短期内出台的情况下，实施的无奈之举。数字税不是一个完美的方案，已经表现出了较强的扭曲性，明显影响了数字企业和数字经济的发展。另一方面，从我国实际来看，由于政策原因，目前一些跨国数字企业尤其是平台企业并没有进入我国市场，因此它们利用国际税收规则漏洞在我国进行利润转移的问题并不严重。此外，虽然我国数字经济增加值已占 GDP 比重 38.6%，在当前全球数字经济分布格局中位居第二，并出现了腾讯、阿里巴巴、百度等大型跨国数字平台企业，但是由于相关征收国的数字税征收认定标准较高，我国跨国数字企业还未纳入征税范围。

基于此，结合我国减税降费的背景，我国不具备征收数字税的条件。我国应积极参与数字经济国际税收规则的制定。一方面，我国是互联网消费大国，要时刻坚持数字经济价值创造所得来源地大国定位，在新的征税权分配

博弈中最大化保护我国税收利益。另一方面，坚持对国际税收治理体系关键环节修改的话语权。在充分研判"用户参与""市场营销无形资产""显著经济存在"等多个新概念基础上，掌握主要国际组织和相关国家立场，提出适合使用于管辖区之间征税权分配的方法，对新的联结度规则、利润再分配方式提出"中国方案"。

（二）防范单边税收保护主义损害我国利益

从各国数字经济征税措施来看，各国对数字经济征税尚未达成一致协议，且都存在着一定的单边税收保护主义。例如，美国在对国内数字经济征税的同时，反对其他国家对美国企业在外开展数字经济业务取得的收入征税。基于此，我国要未雨绸缪，积极应对单边数字税对我国跨国数字企业的冲击。要借助双边、多边税收协定的效力，加强与采取单边数字税的国家合作，在协商谈判中努力为我国跨国数字企业争取税收权益，并为跨国数字企业提供更加宽松的国际营商环境。同时，应督促企业将税收管理上升至企业战略层面，推动在全球范围内开展数字经济业务的企业进行合理的纳税筹划，积极应对国际税收规则的变化。

（三）根据"双支柱"调整国内征税规则

建立适应数字经济特点的增值税消费地征税规则。从目前国际动态看，多数国家解决数字经济跨境增值税问题的方法，主要是落实消费地征税规则。一方面，建议对出口的数字产品和服务实行零税率或加大出口退税规模和适用范围，增强中国跨境数字交易企业国际竞争力，助力更多数字企业"走出去"；另一方面，建议对进口数字产品和服务按照中国增值税相关规定征收增值税，维护中国税收权益和中国企业利益。此外，对达到一定标准的跨境数字企业要求其在中国注册登记，征收跨境交易增值税；对于未办理注册登记的跨境数字企业采取代扣代缴方式，由中国境内接收方缴纳增值税，或委托银行和其他支付平台代扣代缴。

建立适应数字经济特点的企业所得税征收规则。一方面，顺应国际潮流，更新"常设机构"定义。通过设计新的联结度规则，对常设机构的概念进行更替改革，在企业所得税制度和税收征管立法中增加"虚拟常设机构"的认定规则。基于 OECD 提出的收入数量、数字化程度、用户规模以及以收入为基础的综合性因素等判定具体指标，即使没有实体的常设机构或代理机构，只要数字企业在我国构成"显著经济存在"，我国作为市场国就有权对其课税。另一方面，在企业所得税制度体系内，引入利润归属和联结度规则。对跨国和跨境数字企业的"非常规利润"按照联结规则以贡献大小给予市场国征税权利，并采用"改良后的剩余利润分配法"确定"用户参与"程度下"非常规利润比例"和"向市场国分配比例"，实现对跨国数字经济企业征税。

（四）系统性建立和完善适应数字经济发展的税收政策

考虑到数字经济的发展对我国税收治理带来的挑战，如数字税收治理方式单一，涌现的各种新业态、新经济侵蚀企业所得税税基并引发各类涉税风险等问题，中国必须在现有的税收制度框架下，加快完善符合我国国情的数字税制，确保数字企业与传统企业税负相同，促进数字经济和税制体系的均衡发展。

1. 准确掌握纳税主体信息

基于灵活就业人群偷税漏税频发等问题，应加强纳税主体信息的掌控。资源供给者通过平台开展业务事先必须办理市场主体登记和税务登记，且应将自然人列为重点管理对象，尤其要将个人经营的网店、微商、网络直播、主播、带货等新业态纳入税收管理范围。税务部门应与平台机构协同，自然人在平台注册时首先要办理市场主体登记和税务登记，并通过平台审核后才能开展相应业务。同时，深入实施《中华人民共和国电子商务法》，平台经营者应该及时将平台内从业者的涉税信息以及身份信息准确无误地报送和披露给平台所在地的税务机关。后续再由平台所在地税务机关依据个人所得税税法中有关自然人纳税地点的相关规定，把相关信息传递给相应的税务机关。

专栏4　我国灵活就业人群偷税漏税频发

从我国征收管理来看，平台上的消费者很少开发票，偷税漏税的现象较普遍。个体往往以三种身份参与平台经济业务，包括办理了市场主体登记和税务登记的个体经营者、未办理市场主体登记但办理了临时税务登记的个人、未办理市场主体登记和税务登记的自然人。就目前而言，大多数参与平台经济、共享经济的个体属于未办理市场主体登记和税务登记的自然人，税收管理出现真空地带。[①] 但是，这些自然人还没有进行相关登记就享受了个体工商户增值税起征点税收优惠政策以及免税政策，造成了大量偷税漏税的现象，产生了税收风险。

---

2. 准确适用相关税种税目

出台关于个人提供劳务、从事生产经营活动的详细认定标准，尤其要以正列举的方式对存在争议的业务活动作出明确规定，加快将各类新型个人收

[①] 产生上述问题的原因主要有三个：一是平台内经营者没有按照相关法律规定办理各种登记；二是平台提供者没有按照相关法律规定报送平台内经营者的身份信息以及提示其依法办理各种登记，造成税务机关无从管理；三是众多消费者没有养成索要发票的习惯，弱化了平台经营者的纳税意识。未办理市场主体登记或税务登记，在平台上获得收入的经营者未在税务机关的监管之下，平台提供者既未代征或代扣代缴税款，在平台上获得收入的经营者也未按照税法规定主动申报纳税，造成了税收流失。

入，如网络直播以及从事各类共享经济、分享经济、零工经济等取得的收入纳入个人所得税征收范围。梳理出个人从事经营性活动的核心特点，形成界定应税项目的次要标准，作为税目界定存在争议时的补充依据。第三方经济平台要根据灵活就业人员的实际经济行为对其自行判定的收入类别进行审核，在报税时，将不同性质的服务进行分化，根据业务的经济实质对应税目、税率。

3. 引导规范委托代征行为

基于目前平台代征产生的虚开增值税发票、超范围代征税款、违背业务实质直接套用地方性税收优惠政策等牟利违规行为，税务机关应引导规范委托代征行为。平台所在地税务机关对申请委托代征资质的平台企业应严格审核，并建立资质公示和评级考核制度。从长期看，应进一步提升委托代征相关规定的法律级次，将委托代征纳入《税收征管法》并予以细化，在程序法中体现考虑新经济新业态税收征管的立法思路。

专栏5　平台代征大量引发牟利违规行为

为有效防范税款征缴权责不清带来的税款流失风险，近年来各地税务机关探索实施委托代征方式进行征管。委托代征方式符合税收征管效率原则，有利于降低征纳成本。但由于后续缺乏有效监管，部分代征平台为牟利不惜违规操作，如虚开增值税发票、超范围代征税款、违背业务实质直接套用地方性税收优惠政策等，导致大量偷税漏税行为发生。近期多个省份税务机关已要求暂停发放委托代征资质，并对存量违规委托代征平台进行清理整治。

---

4. 合理分配税收权益

基于数字经济"一个平台、服务全国"的特点所导致的国内税收管辖权难以划分的问题，应将税权合理划分在各地区税务机关之间，即将平台所在地税务机关的入库税款在应税交易发生地、建筑服务发生地、不动产所在地以及自然资源所在地之间进行合理划分，建议按来源于各地区应税销售额占全年应税销售额的比重计算分配。

专栏6　"一个平台、服务全国"的特点导致国内
税收管辖权难以划分

在平台、共享经济发展下，"一个平台、服务全国"的特点打破了传统的地域限制，使交易行为遍布各地的应税收入汇集于平台所在地，产生税收与税源相背离的后果。纳税人居住地、应税行为发生地与平台所在地税务机关围绕税收管辖权的争端就此产生，并逐渐演变为争抢税源以及税收管理真空等问题。例如，地方政府基于保护本地税源的考虑会采取各类应对措施，如出台财政返还政策以转引税源至本地入库，或者要求平台公司在当地开展业务前必须设立分（子）公司，并将分（子）公司实现的税收留在当地。这些做法干扰了经济交易的正常开展，导致税源在区域间无序流动。

（五）深化"以数治税"治理模式

税务机关应健全涉税（费）数据应用管理系统，对内树立大数据思维，厘清国家税务总局税收大数据和风险管理局与省、市归口部门的职责权限和运行机制，完善全国统一的税收大数据管理平台，搭建云计算平台，集中收

储、清洗、归档掌握的海量纳税人涉税（费）信息；对外尽可能拓展信息共享的广度与深度，细化信息共享的具体机制，明确主导部门和数据共享主体，制定通用采数机制，搭建数据共用平台，重视保障数据安全。当获取海量税收数据后，税务机关应充分运用云计算技术、区块链技术、网络爬虫技术，创新风险识别与管理模型，实现税收风险管控的智能化、精准化与高效化。要通过建立完善风险预警信息的跨省（市）查询与推送机制，对纳税人按不同风险等级采取风险提示、约谈评估、税务稽查等差别化应对措施，确保税收监管精准到位、跨省（市）联合监管无缝对接，提升纳税人整体税收遵从度。

参考文献

［1］白彦锋，岳童.数字税征管的国际经验、现实挑战与策略选择［J］.改革，2021（2）.

［2］崔景华，李浩研.数字服务税的制度实践及其效应研究［J］.税务研究，2020（11）.

［3］邓伟.数据课税理论与制度选择［J］.税务研究，2021（1）.

［4］樊轶侠，王卿.经济数字化背景下国际税收规则发展：对OECD"统一方法"的解读与研究［J］.税务研究，2020（6）.

［5］樊轶侠，王卿.数字服务课税模式比较研究及其启示［J］.税务研究，2020（12）.

［6］冯守东，王爱清.数字经济背景下我国税收面临的挑战与应对［J］.税务研究，2021（3）.

［7］高金平.数字经济国际税收规则与国内税法之衔接问题思考［J］.税务研究，2019（11）.

［8］龚辉文.数字服务税的实践进展及其引发的争议与反思［J］.税务

研究，2021（1）.

[9] 管彤彤 . 数字服务税：政策源起、理论争议与实践差异 [J]. 国际税收，2019（11）.

[10] 郝东杰，陈双专 . 数字经济跨境课税之"双支柱"方案的创新、影响及应对 [J]. 税务研究，2020（11）.

[11] 湖北省国际税收研究会，武汉市国际税收研究会课题组 . 税收促进我国数字经济发展的国际经验与借鉴 [J]. 税务研究，2021（1）.

[12] 李辉，张成 . 数字经济征税的现实困境、国际比较与政策建议 [J]. 经济体制改革，2021（3）.

[13] 李蕊，李水军 . 数字经济：中国税收制度何以回应 [J]. 税务研究，2020（3）.

[14] 刘方，杨宜勇 . 预防单边数字税对我国跨国数字企业带来的冲击 [J]. 调查研究建议，2021（10）.

[15] 刘禹君 . 促进数字经济发展的税收政策研究 [J]. 商业研究，2019（10）.

[16] 邱冬梅 . 数字经济所得课税国际规则制定的最新进展及中国应对 [J]. 税务研究，2020（11）.

[17] 邵凌云，张紫璇 . 数字经济对税收治理的挑战与应对 [J]. 税务研究，2021（3）.

[18] 宋丽颖，魏佳雯 . 数字服务税对企业的影响及我国的应对 [J]. 税务研究，2021（3）.

[19] 徐加喜，陈虎 . 论数字经济时代国内税法和国际税法的良性互动 [J]. 税务研究，2020（1）.

[20] 延峰，冯炜，崔煜晨 . 数字经济对国际税收的影响及典型案例分析 [J]. 国际税收，2015（3）.

[21] 张巍 . 数字经济公平征税的若干问题探析 [J]. 税务研究，

2021 (2).

　　[22] 张泽平．数字经济背景下的国际税收管辖权划分原则 [J]．学术月刊，2015 (2).

　　[23] 张志勇．近期国际税收规则的演化——回顾、分析与展望 [J]．国际税收，2020 (1).

　　[24] 张守文．数字税立法：原理依循与价值引领 [J]．税务研究，2021 (1).

第七章
我国数据交易税收政策
现状和问题浅析

数据要素作为数字经济的核心要素，在党的十九届四中全会创造性地提出，并与"土地、劳动力、资本、技术、管理"等传统生产要素并列，是党的二十大提出实现中国式现代化建设过程中的关键驱动力。建立与其相匹配的数据税收制度是当前的热点话题，数据交易是数据市场的重要环节，科学合理的数据交易税收制度建设对数据流通和使用意义重大。本章对目前我国数据交易涉及税收政策的现状进行了梳理，并从匹配性的角度分析了现有的理论研究，最后对若干数据交易税收政策的原则进行了思考。

一、现状和问题分析

（一）现有的数据交易存在一定的税收政策和管理模糊空间

涉及数据要素市场的我国税制主要包括货物和劳务税、所得税、财产税三大税系，分别对商品（服务）交易、所得和财产征税，现行主要有增值税、企业所得税、个人所得税等主要税种，数据交易相关行为的涉税处理基本可以适用如下。

1. 增值税

根据《中华人民共和国增值税暂行条例》① 和《营业税改征增值税试点实施办法》以及相关的具体政策文件，对数据的收集、处理、加工、存储、运输、检索利用，按照信息技术服务税目征收增值税；对使用固网、移动网、卫星、互联网、有线电视网络传输数据，按照增值电信服务税目征收增值税；对转让网络游戏虚拟道具按照转让无形资产征税。②

具体来看，《营业税改征增值税试点实施办法》所附的《销售服务、无形资产、不动产注释》中规定：增值电信服务，是指利用固网、移动网、卫星、互联网、有线电视网络，提供短信和彩信服务、电子数据和信息的传输及应用服务、互联网接入服务等业务活动。

信息系统服务，是指提供信息系统集成、网络管理、网站内容维护、桌面管理与维护、信息系统应用、基础信息技术管理平台整合、信息技术基础设施管理、数据中心、托管中心、信息安全服务、在线杀毒、虚拟主机的业务行为。包括网站对非自有的网络游戏提供的网络运营服务。

信息系统增值服务，是指利用信息系统资源为用户附加提供的信息技术服务。包括数据处理、分析和整合、数据库管理、数据备份、数据存储、容灾服务、电子商务平台等。

从数据要素交易的政策适用来看，数据交易涉及数据产品生产、交换、流通等多个主要环节，数据产品生产可以分解为数据收集、处理、加工、存储等具体行为；交换和流通如果涉及数据传输，则可以认为是增值电信服务；而涉及数据存储，则可能涉及信息系统服务或信息系统增值服务。

---

① 《国务院关于废止〈中华人民共和国营业税暂行条例〉和修改〈中华人民共和国增值税暂行条例〉的决定》。

② 《财政部 国家税务总局关于全面推开营业税改征增值税试点的通知》附件《营业税改征增值税试点实施办法》后所附：《销售服务、无形资产、不动产注释》。

数据交换或者说数据销售，是按货物还是服务适用增值税，则存在一定的不确定性。如果数据通过有形的载体，例如硬盘，则可能会被适用按货物征税。更为不确定的是，对销售数据能否按销售无形资产征税，《营业税改征增值税试点实施办法》没有明确规定，但根据其解释，无形资产是指不具实物形态但能带来经济利益的资产，① 数据完全符合这一定义。而数据存储在数据中心，交易的对象是如果是某种使用权，则会被适用信息系统服务。

从数据交易主体来看，数据产品提供者、数据交易服务商、数据交易中心等多种主体，则涉及增值电信服务、信息系统服务等多个税目，甚至租赁服务、中介服务等其他税目。以数据中心为例，现行的税法中，既可以将其归为信息系统服务，如果涉及数据处理、分析和整合、数据库管理、数据备份以及数据存储，又可以将其归为信息系统增值服务类别对其征收增值税。这一现状的主要问题是税收政策并没有针对数据交易业务进行专业性的税收政策规定，而是将涉及的业务归纳到抽象的服务分类当中。更进一步的问题是，侧重于与数据相关的服务，针对的是服务本身，并没有将数据的价值完全包括进来。

2. 所得税

《中华人民共和国企业所得税法》（以下简称《企业所得税法》）第六条规定，企业以货币形式和非货币形式从各种来源取得的收入为收入总额，包括销售货物收入、提供劳务收入、转让财产收入、股息红利等权益性投资收益、利息收入、租金收入、特许权使用费收入、接受捐赠收入、其他收入等九种形式。②

数据交易过程当中取得的收入大致是销售货物、销售服务、转让财产、

---

① 《财政部 国家税务总局关于全面推开营业税改征增值税试点的通知》，附件《营业税改征增值税试点实施办法》后所附：《销售服务、无形资产、不动产注释》。
② 《中华人民共和国企业所得税法》，2018年第二次修订。

特许权使用费收入等主要形式的收入，即使部分环节取得的收入没有明确规定，但只要转让方取得收入，仍可以适用《企业所得税法》的兜底条款即"其他收入"，对取得的收入征收企业所得税。

针对数据交易中个人所得的收入，我国现行《个人所得税法》第二项规定了9项收入，包括工资和薪金所得、劳务报酬所得、稿酬所得、特许权使用费所得、经营所得、利息、股息、红利、财产租赁所得、财产转让所得、偶然所得，[①] 对应关系大致也和企业所得税一样，主要归类为财产转让所得、特许权使用费所得、偶然所得征税，并且相应的条例还规定，收入形式除了现金还包括实物等其他经济利益，必要时可以通过解释"财产""偶然所得"的定义，将与数据有关的收入纳入征税范围。

从以上规定来看，所得税的政策也基本适用数据交易，存在的问题与增值税大致类似，在适用具体税目上有一定的模糊空间。进一步来看，由于所得税的计算依据是应纳税所得税，是在收入基础之上考虑成本和费用进一步形成的收入净额，而数据交易过程的成本和费用计算存在着不同的看法，因此，在形成数据交易的应纳税所得额的计算过程中，还会有若干细节有待明确。

3. 财产税

目前而言，我国的财产税体系相对处于初期阶段，仅针对房产、车船、土地使用权等有形财产征收，并有相对宽松的征收门槛，例如仅对非居住用的房产征收房产税。

从目前的税收政策范围来看，数据财产无法纳入任何一个已有税种进行征收。从促进数据流通的角度来看，如果数据作为财产的特性越来越明确，在企业或个人财产（财富）中的比重越来越高，可以参照房产税和城镇土地使用税的相关规定，考虑通过立法规定对数据财产征税，通过财产税促进

---

① 《中华人民共和国企业所得税法》，2018 年第七次修订。

数据拥有者考虑税收成本的覆盖，从而产生将公共企业、平台的相关数据纳入数据流通体系的可能性，或者至少从数据要素的拥有者获得的利益中以财产权的形式获取收益，但其中的若干细节需要科学和严谨的论证。

4. 税收征管

从政策到执行过程，税收征管是重要环节，由于数据交易各环节不清晰，税收征管的相关规定也相对模糊，从现有的情况来看，处于相对宽松的状态。以数据交易涉及的软件和信息技术服务业为例，该行业涵盖利用信息通信技术对数据进行采集、加工、处理、分析以及提供各种附加增值服务等各类活动，是与数据交易最为密切的行业。例如，2015～2021年，信息传输、软件和信息技术服务业税收从2293.64亿元增加到5320.71亿元，软件和信息技术服务业税收收入占全部税收收入的比重，也从2015年的1.84%上升到2021年的3.08%。[①] 这一情况，也从侧面反映了数据交易领域税收发展的前景和潜力，设计出合适的税收政策和管理措施，在推动数据交易市场发展的同时，也蕴含着未来财税的潜力。

（二）现有的税收政策对促进交易市场形成和发展作用有限

如前所述，由于没有针对数据交易的专门税收政策，为了起到一定的激励作用，数据交易只能参考和套用现有的税收优惠政策，从目前来看，一般参考的是软件企业、知识产权交易、无形资产的税收政策处理，但作用有限，详细情况分述如下。

1. 软件企业税收

（1）主要政策规定。为推动我国软件产业和集成电路产业的发展，2000年6月发布《国务院关于印发鼓励软件产业和集成电路产业发展若干政策的通知》，2011年1月制定实施《国务院关于印发进一步鼓励软件产业

① 资料来源：Wind 数据库。

和集成电路产业发展若干政策的通知》。随后，财政部、国家税务总局印发《财政部国家税务总局关于软件产品增值税政策的通知》《关于进一步鼓励软件产业和集成电路产业发展企业所得税政策的通知》《关于软件和集成电路产业企业所得税优惠政策有关问题的通知》以及国家税务总局一系列公告，全面落实国务院财税政策。2019 年 5 月，财政部、税务总局再度印发《关于集成电路设计和软件产业企业所得税政策的公告》，修订软件企业的企业所得税优惠政策。2020 年 12 月，印发《财政部 税务总局 发展改革委工业和信息化部关于促进集成电路产业和软件产业高质量发展企业所得税政策的公告》。2021 年 3 月，印发《财政部 海关总署 税务总局关于支持集成电路产业和软件产业发展进口税收政策的通知》。

（2）企业资格认定。2012 年《关于软件和集成电路产业企业所得税优惠政策有关问题的通知》规定，所称软件企业是指以软件产品开发销售（营业）为主营业务并同时符合注册地、人才比例、研发费用比例、软件产品收入比例、拥有知识产权、开发环境等条件的企业。[①]

目前的新标准中取消了软件企业资质认定，同时在强调主营业务具有自主知识产权的同时，取消了"软件产品拥有省级软件产业主管部门认可的软件检测机构出具的检测证明材料和软件产业主管部门颁发的《软件产品登记证书》"的条件，在文件所附备案材料明细表中，对软件企业按照主营业务的不同，分别要求：主营业务为软件产品开发的企业，提供至少 1 个主要产品的软件著作权或专利权等自主知识产权的有效证明文件，以及第三方检测机构提供的软件产品测试报告；主营业务仅为技术服务的企业提供核心技术说明。[②]

[①]　财政部 国家税务总局 发展改革委 工业和信息化部《关于软件和集成电路产业企业所得税优惠政策有关问题的通知》。

[②]　财政部 国家税务总局 发展改革委 工业和信息化部《关于软件和集成电路产业企业所得税优惠政策有关问题的通知》，附件：《享受企业所得税优惠政策的软件和集成电路企业备案资料明细表》。

当软件产业发展进入一个相对成熟阶段之后，针对数据交易相关主体借鉴哪一个阶段的认定标准，需要进一步的研究。

在软件企业中还有重点软件企业，文件所称国家规划布局内重点软件企业是除符合软件企业的条件外，还进一步明确了销售收入、研发人员、研发经费、汇算清缴年度应纳税所得额、软件出口收入方面的相关条件（至少符合其中一项）。[①]

（3）所得税优惠。对于软件企业，符合条件的不仅可以依法享受高新技术企业（包括企业所得税率15%、研发费用加计扣除100%、亏损弥补年限延长至10年、固定资产加速折旧及一次性扣除等）、初创科技型企业、小微企业普惠、现代服务业进项税加计抵减等一系列税收优惠政策，另外对增值税和企业所得税两个主要税种还设定了专门的税收优惠政策，以鼓励和支持软件产业发展。

依法成立且符合条件的集成电路设计企业和软件企业，在2018年12月31日前自获利年度起计算优惠期，第一年至第二年免征企业所得税，第三年至第五年按照25%的法定税率减半征收企业所得税，并享受至期满为止。[②]

国家鼓励的重点集成电路设计企业和软件企业，自获利年度起，第一年至第五年免征企业所得税，接续年度减按10%的税率征收企业所得税。[③]

（4）增值税即征即退。结合《财政部 国家税务总局关于软件产品增值税政策的通知》《财政部 国家税务总局关于将铁路运输和邮政业纳入营业税改征增值税试点的通知》《财政部 国家税务总局关于全面推开营业税改

[①] 财政部 国家税务总局 发展改革委 工业和信息化部《关于软件和集成电路产业企业所得税优惠政策有关问题的通知》附件《享受企业所得税优惠政策的软件和集成电路企业备案资料明细表》。

[②] 《财政部 税务总局关于集成电路设计和软件产业企业所得税政策的公告》。

[③] 《财政部 税务总局 发展改革委 工业和信息化部关于促进集成电路产业和软件产业高质量发展企业所得税政策的公告》。

征增值税试点的通知》以及《关于深化增值税改革有关政策的公告》，软件企业增值税按以下政策执行。

增值税一般纳税人销售其自行开发生产的软件产品，或是将进口软件产品进行本地化改造后对外销售（不包括单纯汉字化处理），均按 17% 税率（2018 年 5 月 1 日起降为 16%，2019 年 4 月 1 日起降为 13%）征收增值税后，对其增值税实际税负超过 3% 的部分实行即征即退政策。[①]

软件产品，是指信息处理程序及相关文档和数据。软件产品包括计算机软件产品、信息系统和嵌入式软件产品。嵌入式软件产品是指嵌入在计算机硬件、机器设备中并随其一并销售，构成计算机硬件、机器设备组成部分的软件产品。可以享受增值税优惠政策的软件产品需要满足两个条件：一是取得省级软件产业主管部门认可的软件检测机构出具的检测证明材料；二是取得软件产业主管部门颁发的《软件产品登记证书》或著作权行政管理部门颁发的《计算机软件著作权登记证书》。[②]

纳税人销售软件产品并随同销售一并收取的软件安装费、维护费、培训费等收入，应按照增值税混合销售的有关规定征收增值税，并可享受软件产品增值税即征即退政策。[③]

（5）按现代服务和销售无形资产缴纳增值税。2014 年 1 月 1 日起，纳税人受托开发软件产品，著作权属于受托方的征收增值税，著作权属于委托方或属于双方共同拥有的，按"现代服务 – 信息技术服务"征收增值税。2016 年 5 月 1 日起，对经过国家版权局注册登记，纳税人在销售时一并转让著作权、所有权的，按销售无形资产征收增值税。

2. 知识产权交易涉及的主要税种

（1）一般规定。在中国范围内的知识产权转让和许可使用等交易所涉及的税种主要包括企业所得税、增值税、城建税与教育费附加税以及印

---

①②③ 《财政部 国家税务总局关于软件产品增值税政策的通知》。

花税。

知识产权转让或许可使用的收入作为无形财产转让与特许权使用费收入属于企业所得税的应纳税所得额。居民企业的税率为25%，非居民企业税率为20%。知识产权转让与许可使用收入一般按照6%的税率缴纳增值税。另外，根据《中华人民共和国印花税法》规定，所有在中国签订产权转移书据的单位和个人（包括外国企业和外籍个人）都应在中国缴纳印花税。商标专用权、著作权、专利权、专有技术使用权转让所书立的合同、书据，适用万分之三的税率。[①]

（2）税收优惠政策。为了鼓励创新，发展知识经济，我国在知识产权交易方面给予相关企业一定的税收优惠。

根据《企业所得税法》第27条第4款以及《国家税务总局关于技术转让所得减免企业所得税有关问题的通知》的相关规定，满足以下条件可享受技术转让企业所得税减免优惠：一是享受优惠的技术转让主体是企业所得税法规定的居民企业；二是技术转让属于财政部、国家税务总局规定的范围；三是境内技术转让经省级以上科技部门认定；四是向境外转让技术经省级以上商务部门认定；五是国务院税务主管部门规定的其他条件。[②]

此外，享受技术转让所得减免企业所得税优惠的企业，还应单独计算技术转让所得，并合理分摊企业的期间费用；没有单独计算的，不得享受技术转让所得企业所得税优惠。

对于与技术转让相关的服务收入是否纳入应税收入的问题，根据《国家税务总局关于技术转让所得减免企业所得税有关问题的公告》规定：可以计入技术转让收入的技术咨询、技术服务、技术培训收入，应同时符合以下两项条件：第一，在技术转让合同中约定的与该技术转让相关的技术咨

---

① 《中华人民共和国印花税法》。
② 《中华人民共和国企业所得税法》，2018年第二次修订。《国家税务总局关于技术转让所得减免企业所得税有关问题的通知》。

询、技术服务、技术培训；第二，技术咨询、技术服务、技术培训收入与该技术转让项目收入一同收取价款。①

3. 无形资产的税务处理

（1）无形资产的范围。无形资产，是指企业为生产产品、提供劳务、出租或者经营管理而持有的、没有实物形态的非货币性长期资产，包括专利权、商标权、著作权、土地使用权、非专利技术、商誉等。

在我国税法中，数据资产的概念并不是单独出现，而是归类到无形资产当中（目前财政部会计司出台的《企业数据资源相关会计处理暂行规定》中也是如此），在个别文件，例如特别纳税调整管理办法中，提到关联交易有关的无形资产包括专利、非专利技术、客户名单、销售渠道、市场调查成果、政府许可等。借鉴美国等国家的税法，数据资产被更为明确地表述出来，例如 IRC 第 936 节中提到，无形资产的 7 个种类中包括客户名单和技术数据。

（2）无形资产的税收规定。无形资产按照以下方法确定计税基础：第一，外购的无形资产，以购买价款和支付的相关税费以及直接归属于使该资产达到预定用途发生的其他支出为计税基础；第二，自行开发的无形资产，以开发过程中该资产符合资本化条件后至达到预定用途前发生的支出为计税基础；第三，通过捐赠、投资、非货币性资产交换、债务重组等方式取得的无形资产，以该资产的公允价值和支付的相关税费为计税基础。②

在计算企业所得税应纳税所得额时，无形资产按照直线法计算的摊销费用，摊销年限不得低于 10 年。企业按照规定计算的无形资产摊销费用，准予扣除。③根据目前的优惠政策，企事业单位购进软件，凡符合固定资产或无形资产确认条件的，可以按照固定资产或无形资产进行核算，经主管税务机关核准，其折旧或摊销年限可以适当缩短，最短可为 2 年。④

---

① 《国家税务总局关于技术转让所得减免企业所得税有关问题的公告》。
②③ 《中华人民共和国企业所得税法实施条例》，2019 年修订。
④ 《财政部 国家税务总局关于企业所得税若干优惠政策的通知》。

下列无形资产不得计算摊销费用扣除：自行开发的支出已在计算应纳税所得额时扣除的无形资产；自创商誉；与经营活动无关的无形资产；其他不得计算摊销费用扣除的无形资产。[①]

作为投资或者受让的无形资产，有关法律规定或者合同约定了使用年限的，可以按照规定或者约定的使用年限分期摊销。外购商誉的支出，在企业整体转让或者清算时，准予扣除。[②]

从数据资产的角度来看，目前的规定对促进数据交易的激励作用有限，有待进一步改进。

二、从匹配性角度对新型数据市场交易税收政策的理论分析

从现有的数据要素税收政策来看，仅仅是简单套用现有的税收政策，而没有考虑数据要素交易市场的全环节、全流程，更没有考虑新型数据要素交易市场的特点和需求。从已有研究的总结来看，大多仍然是就数据谈数据，而没有从建立新型数据交易市场的整体来考虑税收政策，更没有深入考虑相匹配的税收政策对数据交易进行激励的问题。

（一）现有数据征税理论简介

目前主要存在着三种针对数据征税的理论。

第一，以数据的数量计算税基的理论。这一理论来源于早期提出的比特税（bit tax），即以通过网络传输的数据的数量计算税基的数据税。比特税

[①] 《中华人民共和国企业所得税法》，2018年第二次修订。

[②] 《中华人民共和国企业所得税法实施条例》，2019年修订。

是较早提出的针对数据信息征税的理论，其税基是通过网络传输的数据的数量。在数字经济条件下，财富价值增加的主要来源之一是数据生产要素。数据所创造的价值大量渗到商品生产中，虽然不能准确测量，但是该种价值确实存在，在很难计算数据要素所创造的价值的前提下，要寻找替代的方式，因而也有人提出比特税作为替代，以数据的传输量替代价值增加量作为数据税的税基。显然，这一提法过于粗糙，无法适用数据交易市场的现状。

第二，以数据的价值计算税基的理论。征收数据税的另一种理论是，以数据作为征税对象，以数据的财产价值作为税基征税，即对数据征收财产税。数据的估值越高，其税收负担能力则越强。因此，以数据的价值计算税基符合量能课税的要求。确定数据的价值则成为征税的关键，这需要对数据进行价值评估。按照资产评估原理，一般可以运用三种方法对资产进行估值：一是根据成本法，可以按照被评估数据资产的现时重置成本确定其价值；二是根据收益法，可以通过估算数据资产未来预期收益的现值进而确定其价值；三是根据市场法，可以通过比较被评估数据资产与最近售出类似资产的异同，并将类似资产的市场价格进行调整，从而确定数据资产的价值。这一方法的难点在于所借鉴的资产评估方法，这些方法适用于传统的资产，而对新型的数据资产适用性存疑，尤其是在数据市场发展的初期。

第三，以数据的收益计算税基的理论。这一理论是以利用数据获得的收入为税基，对数据征税。数据的收益包括保有环节的收益，也包括流转环节的收益；包括货币化的收益，也包括非货币化的收益。例如，个人向各种平台企业提供数据，而从企业处获取相关服务，这种个人数据所创造的服务收益也是潜在的税基或者税源。按照收益类型的不同，可以征收不同种类的税收：对于数据的所得收益，可以对数据征收所得税；对于数据的流转收益，可以征收数据流转税。这种理论类似于数据服务税，是对基于数据的服务征税，实质是针对使用权产生的收益征税，从目前来看，有一定的适用性，其难点是交易环节与使用环节的收益分配问题。

（二）现有理论不足之处的分析

数据交易税收政策既是对数据交易征税，更是规范数据交易市场，尤其是在初期阶段，要对数据交易市场的建设起到一定的推动性作用。

一方面，现有理论仅仅就数据谈论数据征税，而没有考虑到进一步的深层次问题，例如基于数据全环节的收益分配问题，国际税收领域热议的数字服务税（digital service tax，DST）就是类似的这一类问题，对于数据的潜在收益采取适应的财税政策，对推动数据进入市场交易作用重大。将潜在的数据收益转换为显性的数据收益，是推动形成良性数据交易市场的关键，否则数据可能仅仅会在内部流动，而不会形成 GDP 的重要组成部分，收益也局限于企业内部，而不会将更多地外溢到市场，形成数据红利。因此，不仅要针对数据交易本身设计合适的财税政策，还要形成推动数据交易的财税政策。

另一方面，从交易主体的角度来看，数据使用是数据生产的另一面，是数据交易市场供需不可缺少的一环，针对数据使用者、数据交易中间服务商的财税政策，对于具有与普通商品交易不同特征的数据交易而言，同样至关重要。同时设计针对数据使用者、数据交易中间服务商的财税政策，才能推动良好的市场主体形成，才能推动良好的数据交易生态链，促进数据交易市场的良性发展。

三、对建立数据交易税收政策若干原则的思考

就目前而言，从理论研究和实践的角度来看，包括数据交易在内的各环节数据税收制度都处于初步阶段，但我们相信，随着数据流通和使用市场的

形成和发展，数据税收制度会逐步随之完善，并成为数据税收基本制度的重要组成部分。面向促进数据要素交易、促进数据流通和使用、更好发挥数据要素作用的数据税收制度，要做到以下三点。

第一，收入与治理并重。充分认识数据税收在数据要素市场中的功能和作用，数据税收不仅仅是收税，还要在通过数据要素支撑数字经济做强、做优、做大过程中发挥更大的功能和作用，要寓治理于税收，即使在初期没有多少税收，也要先建立规范而有一定宽松度的税收制度，做到数据要素市场有一个疏而不漏的税收"笼子"。

第二，权衡公平和效率。正如红绿灯制度的设计一样，在提倡公平的领域发挥公平税收的作用，针对各个场所、各个环节、各种来源的数据要素，尽可能采取一样的税收待遇。该讲求效率时，也要考虑效率，尤其是当前需要鼓励数据持有主体释放数据资源，从供给端来推进数据要素流通和使用市场的建设，要通过适度的税负，鼓励数据资产入股、研发数据产品和服务等创新，考虑一定时期、一定条件下的税收优惠，甚至在某些涉税事项上宁可暂时不收取数据税费，放水养鱼。

第三，数据税收的政策与数据要素市场建设应该联动。数据要素是新生产要素，需要有新的思路，要改变先有市场后有税收政策的传统做法，在市场开始设计时，理念上就要认识到数据税收制度就是数据市场的重要制度，将数据税收嵌入市场之中，尤其是在基本制度确立之后，要迅速将数据税收制度、数据财政制度补充到位，在其中充分发挥数据税收的治理功能，从税收角度为建立健全数据市场发挥监督、引导、激励等作用，做大数据流通市场蛋糕，实现各方主体的多赢局面。

总之，本章以数据交易税收为研究重点，认为数据税收是数据要素市场基本制度的重要支撑性、保障性组成部分。通过数据税收制度的建立和完善，既可以促进数据要素市场的发展，还有利于解决数字经济中已经出现相关税收问题，是以数据要素为核心的数字经济发展中需要考虑的全局性着力点，同时也是我国数字经济背景下建立现代财税制度必须重视的问题。从长远战略角度来看，在我国数字经济海量数据和丰富应用场景的基础之上，数据税收的制度创新不仅可以助力数据要素市场的发展，也可能发展成为独具特色的"中国方案"。

参考文献

［1］邓伟．数据课税理论与制度选择［J］．税务研究，2021（1）：47-53.

［2］傅靖．关于数据的可税性研究［J］．税务研究，2020（8）：54-61.

［3］秦荣生．数据资源入账入表的管理和税收问题探讨［J］．税务研究，2024（5）：29-33.

［4］孙正，闵庆汉，朱学易．数据课税的理论、逻辑与中国方案［J］．税务研究，2023（1）：56-62.

［5］邬展霞．数据要素价值创造的原理、模式及其对税收制度的挑战［J］．税务研究，2023（5）：60-67.

［6］谢波峰．数据相关国际税制评述［J］．大数据，2022，8（3）：78-86.

［7］谢波峰．数据税收的内涵、作用及发展［J］．财政科学，2023（1）：35-39.

2023～2024 年"双支柱"国际税收改革全球动态精选[*]

2023 年 1 月

OECD 发布关于支柱一撤销数字服务税和其他相关类似措施以及支柱二实施方案的咨询文件（OECD Releases Consultation Document on the Withdrawal of Digital Service Taxes and Other Relevant Similar Measures Under Pillar One and an Implementation Package for Pillar Two）

2022 年 12 月 20 日，OECD 发布关于支柱一撤销数字服务税和其他相关类似措施以及支柱二实施方案的咨询文件。

支柱一方面，OECD/G20 BEPS 包容性框架（inclusive framework）已同意发布一份关于《多边公约》中数字服务税和其他相关类似措施的条款草案的公开咨询文件作为秘书处文件。《多边公约》条款草案反映了对取消所有现有数字服务税和其他相关类似措施以及停止未来措施的承诺，这是实现支柱一稳定国际税收结构目标的一个组成部分此前 OECD 发布了关于金额 B 的咨询文件，完成了对支柱一所有构件的咨询。支柱二方面，包容性框架正在发布与支柱二全球反税基侵蚀规则有关的一揽子实施方案，该方案提供了一个协调的系统，以确保收入超过 7.5 亿欧元的跨国企业对其经营所在的每个司法管辖区产生的收入至少支付最低水平税收（有效税率为 15%）。正在

---

[*] 本附注来源于中国人民大学数字税收研究所与华政税务合作的《走出去财税动态》。

143

发布的实施方案由以下内容组成：关于安全港和罚款减免的指导意见、关于全球反税基侵蚀规则信息报表的公众咨询文件以及关于全球反税基侵蚀规则的税收确定性的公众咨询文件。

《安全港和罚款减免指南》包括过渡性国别报告安全港的商定条款，该条款有效地取消了跨国企业在低风险司法管辖区最初几年计算全球企业所得税实际税率的义务，从而为跨国企业在执行规则时提供了全球企业所得税合规义务方面的减免。该文件还包括制定永久安全港的框架，以规范简化的收入和税收计算制度以及过渡性罚款减免制度，该制度要求在跨国企业已采取合理措施确保正确适用全球经济规则的情况下，谨慎考虑适用罚款或制裁。

全球企业信息申报的公众咨询文件主要就跨国企业集团为适用全球企业规则而应收集保留和/或报告的信息数量和类型、全球企业信息申报中可简化的部分以及跨国企业集团提供替代数据点的能力征求意见。

全球企业会计准则税收确定性的公开咨询文件概述了在全球企业会计准则下实现税收确定性的各种机制，包括争议预防和争议解决。该文件概述了与这些机制发展有关的下一步措施，并确定了需要利益相关者提供宝贵意见的一些领域。展望未来，包容性框架预计将以滚动方式发布关于全球最低税的解释或管理的行政指南，第一套行政指南将于2023年初发布。此外，敲定征税规则和相关多边文书，以协助其实施的工作也在进行中。

国际会计准则理事会为应对国际税收改革拟修订所得税会计准则（IASB Proposes Temporary Relief from Deferred Tax Accounting for OECD Pillar Two Taxes）

2023年1月9日，国际会计准则理事会（International Accounting Standards Board，IASB）发布了《国际税收改革——支柱二立法模板（征求意见稿）》（以下简称征求意见稿），拟对《国际会计准则第12号——所得税》（以下简称《国际会计准则第12号》）进行修订。征求意见期将于

2023 年 3 月 10 日截止。2021 年 12 月,经济合作与发展组织发布了《应对经济数字化税收挑战——支柱二全球反税基侵蚀规则立法模板》(以下简称支柱二立法模板)。支柱二立法模板作为 OECD "双支柱"方案的一部分,旨在应对经济数字化带来的国际税收挑战。目前,已有超过 135 个国家和地区就"双支柱"方案达成共识,相关经济体 GDP 占全球 GDP 的 90% 以上。

支柱二立法模板通过设立补足税(Top-Up Tax)机制,使各个国家或地区就实体的超额所得征收至少 15% 的最低税率,以确保大型跨国集团为在其经营的各个国家或地区产生的所得缴纳最低税。

利益相关方就国家或地区实施支柱二立法模板对所得税会计处理的潜在影响向 IASB 表达了关切,主要包括:一是由此产生的对递延所得税核算的不确定性;二是鉴于部分国家或地区即将立法以具体实施这些规则,迫切需要 IASB 作出相关澄清。

IASB 拟对《国际会计准则第 12 号》修订的主要内容包括:

(1)暂时豁免因实施支柱二立法模板产生的递延所得税资产或负债的确认以及相关信息的披露。该暂时豁免将于修订内容正式发布时立即生效并按照《国际会计准则第 8 号——会计政策、会计估计变更和差错》进行追溯调整。

(2)根据支柱二立法进展情况规定了实体相应的披露要求。当支柱二立法已颁布但尚未生效时,实体应当披露其经营所在国家或地区的立法情况、实体当期平均有效税率低于 15% 的国家或地区等;当支柱二立法已生效时,实体应当单独披露与支柱二相关的当期所得税。实体应自 2023 年 1 月 1 日起的会计年度采用该修订的规则。

日本计划引入全球最低税规则(Japan's Global Minimum Tax Plans)

2022 年 12 月 16 日,日本政府执政联盟批准了年度税收改革提案,包括增加税收以资助国防开支。该提案还提出引入新的全球最低税规则。这包括一项收入纳入规则(Income Inclusion Rule,IIR),适用于在过去四个财政年度中的两个或以上年度达到 7.5 亿欧元的合并集团收入门槛的跨国企业的集团成员。IIR 包含了根据全球最低应纳税额计算得到的全球最低公司税和根据全球最低公司税义务计算得到的全球最低辖区公司税，这两者共同构成了补足税（Top-Up Tax）。该提案暂不包括低税支付规则（Undertaxed Payment/Profit Rule，UTPR）或合格国内最低补足税（Qualified Domestic Minimum Top-Up Tax，QDMTT），但未来也可能增加相关内容。根据提议，全球最低税规则将从 2024 年 4 月 1 日起正式实行。

OECD 发布"双支柱"解决方案经济影响评估的最新情况（OECD Releases Update on Economic Impact Assessment of Two-Pillars Solution）

2023 年 1 月 18 日，OECD 在网络研讨会上提出了其正在进行的"双支柱"解决方案经济影响评估的最新情况，分析指出此项历史性的国际税收制度改革协议所带来的收益将高于先前的预期。

此次最新估计是基于更新的数据并纳入了最近商定的大多数设计特征。分析表明，"双支柱"解决方案将为各管辖区带来更多的征税权，并通过建立 15% 的全球最低有效企业所得税率，作为税收竞争设定底线。

目前拟议的全球最低税率预计将导致每年全球收入增加约 2200 亿美元或全球企业所得税收入的 9%。这比 OECD 之前估计的支柱二中最低税率部分带来的每年 1500 亿美元的额外税收有了显著增加。

支柱一旨在确保跨国企业征税权在各管辖区之间进行更公平的分配，现在预计每年将向各管辖区分配约 2000 亿美元利润的税收权。根据 2021 年的数据，这预计将带来每年 130 亿~360 亿美元的全球税收收益。

此次的最新估计与以前估计的 1250 亿美元的收益相比有了很大的增长。分析发现，作为现有企业所得税收入的一部分，低收入和中等收入国家有望获得最大收益。

2023 年 2～3 月

OECD 发布关于全球最低税的合规性和税收确定性方面的公众意见
（**OECD Publishes Public Comments Received on Compliance and Tax Certainty Aspects of Global Minimum Tax**）

2023 年 2 月 16 日，OECD 发布关于支柱二全球最低税的合规性和税收确定性方面的公众意见。2022 年 12 月 20 日，OECD 邀请公众对支柱二全球最低税的合规性和税收确定性方面进行评论，并于 2023 年 2 月 16 日将收到的公众意见予以公布。同时，OECD 公告称公众咨询会议于 2023 年 3 月 16 日以线上方式举行。

OECD 公布关于多个事项的公众意见（**OECD Publishes Public Comments on Several Matters**）

2023 年 1 月 24 日，OECD 发布就多边公约关于数字服务税的条款草案和支柱一金额 A 下的其他相关类似措施收到的公众意见。2022 年 12 月 20 日，OECD 邀请公众对多边公约关于数字服务税和支柱一金额 A 下的其他相关类似措施的条款草案进行评论，并于 2023 年 1 月 24 日将收到的公众意见予以公布。

2023 年 1 月 30 日，OECD 发布就支柱一下与简化转让定价规则有关的金额 B 的设计要素收到的公众意见。2022 年 12 月 8 日，OECD 邀请公众对支柱一下与简化转让定价规则有关的金额 B 的设计要素进行评论，并于 2023 年 1 月 30 日将收到的公众意见予以公布。

世界银行发布报告《全球最低税：从协议到实施——政策考虑、实施方案和后续步骤》（**World Bank Releases Report "Global Minimum Tax: From Agreement to Implementation—Policy Considerations, Implementation Options, and Next Steps"**）

2023 年 1 月 25 日，世界银行发布报告《全球最低税：从协议到实施——政策考虑、实施方案和后续步骤》。报告概述了全球最低有效税率的核心规则，审查了各国迄今为止的实施情况，评估了关键的政策考虑（包括对税收优惠的影响），并为评估实施方案提供了一个框架。该报告还就实施过程中的实际步骤提出了建议，包括行政问题和与主要利益相关者的协商，预计这些讨论对发展中国家意义重大。

G20 发布 G20 财政部长和中央银行行长会议主席摘要和成果文件（G20 Publishes Chair Summary & Outcome Document of the G20 Finance Ministers and Central Bank Governors）

2023 年 2 月 22 日至 25 日，第一次 G20 财长和央行行长会议和第二次财政和央行代表会议在印度班加罗尔举行。2023 年 2 月 25 日，G20 发布 G20 财政部长和中央银行行长会议主席摘要和成果文件，主要介绍了印度担任主席国期间 G20 在全球债务危机、多边银行改革、气候融资、加密货币的全球方针、数字公共基础设施、金融包容性、未来城市融资和税收等方面取得的重大成就。

税收方面 G20 在文件中表示将继续合作建立一个适合 21 世纪的全球公平、可持续和现代化的国际税收制度。G20 仍然致力于迅速实施 OECD/G20 的"双支柱"国际税收方案，将敦促 OECD/G20 敲定关于税基侵蚀和利润转移的包容性框架支柱一，以便在 2023 年上半年签署《多边公约》。同时，欢迎全球反税基侵蚀规则实施框架的发布并呼吁完成支柱二下关于应税规则（Subject to Tax Rule，STTR）的谈判，以有效地实施"双支柱"国际税收一揽子计划。此外，G20 还表示希望收到关于 2022 年 OECD/G20 发展中国家和国际税收路线图的最新信息。G20 要求税收透明度和信息交换全球论坛向 G20 更新其《2021 年释放发展中国家信息自动交换潜力战略路线图》的实施情况，包括为鼓励这些管辖区采用共同报告标准下的自动信息交流框架所做的努力。G20 还呼吁 OECD 完成有关加密资产报告框架和 CRS 修正案的一揽子实施工作。

OECD 发布《支柱二全球反税基侵蚀（GIoBE）规则的征管指南》
（OECD Releases Administrative Guidance under Pillar Two GloBE Rules）

2023 年 2 月 2 日，G20/OECD 税基侵蚀和利润转移包容性框架（以下简称"包容性框架"）发布了针对跨国公司征收全球最低税的《支柱二全球反税基侵蚀规则的征管指南》（以下简称《征管指南》）。该指南获得包容性框架下所有 142 个辖区一致通过，并构成"共同方法"的一部分。这意味着，各辖区不会被强制要求在国内法中引入 GloBE 规则，但一旦选择实施，其需要采取和包容性框架于 2021 年 12 月发布的《支柱二全球反税基侵蚀规则立法模板》（以下简称《立法模板》）及后续发布的相关指引相一致的方式来实施和管理相关规则。新发布的《征管指南》将被纳入预计在 2023 年随后发布的《立法模板注释》修订版中。

《征管指南》共包括二十多个话题，涵盖了包容性框架成员认为目前最为紧迫的问题。例如，GloBE 规则的适用范围、美国跨国企业集团下属公司之间就全球无形资产低税收入的分配方法、全球最低税实施前的过渡规则以及合格国内最低补足税相关指引。

2023 年 4～5 月

日本议会通过 IIR 税收改革立法（Japanese Parliament Approves Income Inclusion Rule Legislation）

2023 年 3 月 28 日，日本国民议会通过了包含收入纳入规则（Income Inclusion Rule，IIR）的税收改革立法，且在很大程度上符合 OECD 的全球反税基侵蚀补足税框架。与 IIR 有关的立法规定具体如下：

IIR 的适用方式主要与立法模板相同——位于日本的跨国集团的最终母公司，在财政年度的任何时候持有（直接或间接）低税辖区实体的所有权权益，必须支付相当于该财政年度其低税辖区实体补足税的可分配份额的税款。

全球反税基侵蚀收入或损失、调整后的有效税额、有效税率和补足税的计算也旨在符合立法模板。

IIR 规则将适用于 2024 年 4 月 1 日或之后开始的财政年度。

此外，日本还在考虑立法，将 OECD 预计在今年将详细讨论的项目纳入 2024 年及以后的税收改革范围，如低税支付规则（Undertaxed Payment/Profit Rule，UTPR）和合格国内最低补足税规则（Qualified Domestic Minimum Top-up Tax，QDMTT）。

肯尼亚转向采纳"双支柱"解决方案（Kenya Shifts to Adoption of Two-Pillar Solution）

3 月 30 日，肯尼亚总统威廉·鲁托（William Ruto）在首都内罗毕举行的美国商会商业峰会上发表演讲时表示，肯尼亚政府已承诺重新考虑其有争议的数字服务税，希望采用 OECD 倡导的对跨国公司征税的全球框架。

威廉·鲁托表示，在与该部门的利益相关者进行讨论后，我们承诺审查这一税收制度，并将其与 OECD 目前正在开发的包容性框架的"双支柱"解决方案保持一致。这一框架将指导数字贸易交易的征税。

这显然是对肯尼亚反对 OECD 促成的全球税收改革计划的一种逆转，这也意味着肯尼亚将加入 OECD 双支柱解决方案，在支柱一多边公约达成一致后放弃数字服务税。

爱尔兰发布关于全球最低税的立法草案并启动公众咨询（Ireland Releases Draft Legislation and Consultation on Pillar Two GMT）

2023 年 3 月 31 日，爱尔兰财政部发布了一份关于实施全球最低税的声明。该声明以 2022 年 5 月在爱尔兰启动的公众咨询结果为基础，附有一份拟议的立法草案，旨在收集利益相关者对拟议立法草案实施的反馈意见。

根据声明和所附草案，爱尔兰将在 2023 年秋季财政法案中实施该法令，使全球反税基侵蚀规则从 2023 年 12 月 31 日起适用。拟议的立法草案包括收入纳入规则和低税支付规则。该草案目前不包括合规国内最低补充税规则，但政府正在认真考虑该项规则。

尼日利亚承认需要实施支柱二全球最低税制的措施（Nigeria Needs to Implement Measures for Pillar Two Global Minimum Tax）

2023 年 4 月 13 日，尼日利亚联邦税务局通过推特发布了一份声明，内容涉及与 OECD 举行的为期两天的研讨会，讨论如何使 OECD 的 "双支柱" 解决方案为尼日利亚带来最大利益。

成果声明称，尼日利亚需要参与制定 "双支柱" 解决方案的规则。此外，考虑到其他国家已经开始实施使他们能够获得对尼日利亚不利的额外税收的措施，尼日利亚必须立即实施有关支柱二全球最低税的措施。该成果包括四项具体建议：

尼日利亚应开始紧急行动，与利益相关者接触，起草国家战略，立即精简其税收优惠政策，以避免因实施支柱二规则而将其税基让给其他管辖区；

尼日利亚应立即采取措施，制定并实施应对支柱二的税收政策方案，其中可能包括改变其所得税规则，将其有效税率提高到最低的 15%，或引入合格的国内最低补足税；

尼日利亚应继续参与规则的制定，这是保护国家利益的重要事项，也是对规则的理解，以便为必要的政策反应指明方向；

尼日利亚应探索有效实施支柱二规则，以增加税收，为政府项目提供资金，促进经济发展，使尼日利亚持续作为一个有吸引力的投资地点。

成果声明还指出，即使尼日利亚不希望实施支柱一，也可以实施支柱二并获得好处。"双支柱" 解决方案中，支柱一更加受到尼日利亚的反对。

此前，尼日利亚对 "双支柱" 解决方案持反对态度，是少数尚未加入包容性框架声明同意 "双支柱" 解决方案的 OECD 成员之一。目前，尼日利亚已经至少在支柱二的全球最低税方面动摇了其立场。

越南举办有关实施支柱二全球最低税的研讨会（Vietnam Holds Seminar on Implementation of Pillar Two Global Minimum Tax）

2023 年 4 月 18 日，越南财政部举行了关于实施支柱二全球最低税的研讨会。税务总局副局长 Dang Ngoc Minh 先生在研讨会上发言，说明了越南实施全球最低税的必要性。首先，越南必须通过引入合格国内最低补足税来补充企业所得税法规，以满足最低 15% 的税率标准，响应其他国家预计从 2024 年 1 月 1 日起实施的全球最低税收规则。此外，越南必须考虑适用于海外投资的越南企业和其他适用全球最低税的企业的其他全球最低税有关规定，以收取差额（如果有的话），包括收入纳入规则和低税支付规则。

为了限制全球最低税对越南吸引投资的负面影响，Dang Ngoc Minh 先生还指出，在确保不违反全球最低税规则的情况下，越南需要引入直接或间接的财政支持解决方案。具体方案可能包括支持基础设施和生产性固定资产投资、工人住房支持、社会保险支持、员工医疗保健以及研发支持等。

2023 年 6 ~ 7 月

IASB 提议修订中小公司实体国际财务报告准则（IASB Proposes Amendments to the IFRS for SMEs Accounting Standard）

2023 年 6 月 1 日，国际会计准则理事会提议修订中小公司实体国际财务报告准则（以下简称准则），以帮助中小公司实体应对国际税收改革。这是首次在定期审查之外对准则提出紧急修订。对准则所得税部分的拟议修订将提供与 2023 年 5 月发布的 IAS12 所得税修订相同的豁免，并响应 OECD 的支柱二立法模板。拟议的修正案将：

（1）对因实施支柱二立法模板而产生的递延税款会计处理引入暂时性豁免；

（2）在支柱二立法生效期间引入有针对性的披露要求；

（3）明确所得税披露目标中的"其他事件"包括已颁布或实质颁布的支柱二立法。

法国更新数字服务税范围指南（France Updates Guidelines on Scope of Digital Services Tax）

2023 年 6 月 21 日，法国税务局宣布最新指南，明确了数字服务税的征税范围。指南包括以下内容。

（1）根据《税法》第 257 条之三的规定，提供数字接口的服务，且其用户之间的互动属于辅助性质的服务，不属于应税服务的范围；

（2）将某些数字内容供应服务排除在征税范围之外并不自动适用于数字内容本身，例如，排除软件供应服务对所供应的软件的征税没有影响；

（3）排除属于同一集团的公司之间提供的服务只适用于专门向同一集团的公司提供的服务。

乌干达批准新的亏损结转规则和数字服务税（Ugandan Approves New Loss Carryforward Limitations and Digital Services Tax）

2023 年 7 月 11 日，乌干达议会发布公告，宣布批准《所得税法》修正案，其中包括新的亏损结转规则和数字服务税。

根据以前的亏损规则，乌干达一般允许无限期结转亏损，在特定年份没有任何利用（抵消）限制。根据新规定，纳税人在七个收入年度后结转的亏损，在确定纳税人随后收入年度的应计收入时，只允许在下一个收入年度开始时扣除结转亏损的50%。七年的限制高于最初建议的五年限制。

关于数字服务税，尽管已批准的措施据说与最初的提案相似，但发布的信息中几乎没有提供细节。其中包括一个新条款，规定将对在乌干达向乌干达客户提供数字服务而获得收入的每个非居民征税，规定税率为 5%。为此，如果数字服务是通过互联网、电子网络或在线平台提供的，那么在乌干达向乌干达客户提供数字服务所得收入即为收入。数字服务包括：

（1）在线广告服务；

（2）数据服务；

（3）通过在线市场或中介平台提供的服务，包括住宿在线市场、车辆租赁在线市场以及任何其他运输在线市场；

（4）数字内容服务，包括访问和下载数字内容；

（5）在线游戏服务；

（6）云计算服务；

（7）数据仓库；

（8）通过社交媒体平台或互联网搜索引擎提供的服务；

（9）部长通过法定文书规定的任何其他数字服务。

加拿大反对延长数字服务税暂缓征税期（Canada Opposes Extension of Digital Services Tax Moratorium）

2023 年 7 月 12 日，加拿大副总理兼财政部部长克里斯蒂娅·弗里兰发表声明指出，在没有任何确定的、具有约束力的多边时间表来实施支柱一的情况下，加拿大不能支持延长数字服务税停滞协议。延长数字服务税暂停期的协议规定，包容性框架成员同意在 2024 年 1 月 1 日至 2024 年 12 月 31 日或多边公约支柱一生效期间（以较早者为准），不对任何公司征收新颁布的数字服务税或相关类似税收。如果在该日期之前在多边公约生效方面取得了足够的进展，包容性框架的成员可以同意将这一承诺延长至 2025 年 12 月 31 日或《多边公约》生效（以较早者为准）。虽然没有明确说明，但弗里兰部长的发言暗示加拿大将推进其计划，从 2024 年 1 月 1 日起开始征收本国的数字服务税。

对此，美国商会发表声明，敦促加拿大政府重新考虑对延长数字服务税（DST）停滞协议的支持。

2023 年 8～9 月

OECD 发布"双支柱"解决方案剩余要素一揽子可交付成果声明（OECD Issues an Outcome Statement about the Package of Deliverables on the Remaining Elements of the Two-Pillar Solution）

2023 年 7 月 11 日，OECD/G20 税基侵蚀和利润转移包容性框架（以下简称"包容性框架"）的 138 个成员国（占全球 GDP 的 90% 以上）达成了一份成果声明，认可所取得的重大进展，并允许各国和辖区继续推进国际税收制度的历史性重大改革。

该声明概述了包容性框架就"双支柱"解决方案的剩余要素制定的一揽子可交付成果由包容性框架制定的多边公约文本,允许辖区对跨国公司剩余利润的一部分(支柱一金额 A)重新分配和行使国内征税权,由于少数辖区对多边公约中的某些具体项目表示担忧,包容性框架将在少数具体项目得到解决后发布多边公约文本;对国内基础营销和分销活动(支柱一金额 B)适用独立交易原则的简化拟议框架,在最终确定之前要求利益相关者就某些方面提供意见;应税规则(Subject to Tax Rule,STTR)及其实施框架将使发展中国家能够更新双边税收协定,对某些集团内所得追征税款,而这些所得在其他辖区缴纳低税或名义税;OECD 将与区域和国际组织协调,制定一项全面的行动计划,以便快速、协调地实施"双支柱"解决方案。

自 2021 年 10 月以来的一项重大进展是,基于多边公约的签署在年底前能够取得足够进展这一前提,138 个国家和辖区在该成果声明达成共识,在 2024 年 12 月 31 日或多边公约生效之前,不对任何公司征收新颁布的数字服务税或相关类似措施。

OECD 发布第二套《全球反税基侵蚀征管指南》(OECD Publishes the Second Set of Administrative Guidance on the Global Anti-Base Erosion GloBE Model Rules)

2023 年 7 月 17 日,OECD 发布了《经济数字化带来的税收挑战 – 全球反税基侵蚀立法模板征管指南(支柱二)》(以下简称"征管指南"),这是继 2023 年 2 月发布的第一套征管指南之后的又一套指南,主要内容包括进行 GloBE 计算时的货币折算规则、税收抵免、基于实质的所得排除(Substance-Based Income Exclusion,SBIE)的适用、合格国内(境内)最低补足税(Qualified Domestic Minimum Top-Up Taxes,QDMTT)的设计、QDMTT 安全港以及过渡性 UTPR 安全港。

OECD 发布《经济数字化带来的税收挑战——应税规则（支柱二）》（OECD Publishes Tax Challenges Arising from the Digitalization of the Economy—Subject to tax rule（Pillar Two））

2023 年 7 月 17 日，OECD/BEPS 包容性框架发布了《经济数字化带来的税收挑战—应税规则（支柱二）》。OECD/G20 BEPS 计划的一个关键部分是解决经济数字化带来的税收挑战，更新国际税收体系的关键要素，这些要素已不再适合当前的形势。全球反税基侵蚀规则和应税规则是该计划支柱二的关键组成部分，确保跨国企业在其运营所在每个辖区产生的所得缴纳最低水平税款，更具体地说，应税规则是一项基于协定的规则，如果来源国让渡了对某些对外集团内部支付的征税权，那么在收款人所在国（即居住国）以低于 9% 的税率对有关所得征税（如有）的情况下，来源国能够收回部分征税权。该报告包含应税规则条款及其注释、在该规则下应缴额外税方面适用消除双重征税条款的规定以及反避税规则操作的解释说明。

OECD 向 G20 提交国际税收改革报告（OECD Submits Tax Report to G20 Finance Ministers and Central Bank Governors）

2023 年 7 月 17 日，OECD 秘书长向 G20 财长和央行行长会议提交了《OECD 秘书长提交给 G20 财长和央行行长的税务报告》。该报告表示，OECD/G20 税基侵蚀和利润转移包容性框架在国际税收制度改革方面取得重大进展。该报告强调了 138 个辖区于 7 月 11 日达成了成果声明的历史性里程碑，该声明总结了包容性框架就"双支柱"解决方案的剩余要素制定的一揽子可交付成果，包括多边公约文本、对某些营销和分销活动适用转让定价规则的简化框架（支柱一金额 B）以及应税规则等。

新西兰将从 2025 年起征收数字服务税（New Zealand to Introduce Digital Services Tax from 2025）

2023 年 8 月 29 日，新西兰政府发布公告，宣布将于 2025 年对大型跨国公司征收数字服务税。根据拟议的数字服务税法案，新西兰将对每年从全球数字服务中获利超过 7.5 亿欧元以及每年从向新西兰用户提供的数字服务中获利超过 350 万新西兰元的跨国企业征收数字服务税。在未来四年的预测期内，该项税收预计将产生 2.22 亿美元的收入。数字服务税的税率将按新西兰数字服务应税总收入的 3% 征收，与法国和英国等采用的税率类似。

《数字服务税法案》将于 8 月 31 日提交给众议院。政府已于 2019 年就这项立法的内容向公众进行了咨询。

IASB 修订中小企业国际财务报告准则（IASB Amends the IFRS for SMES）

2023 年 9 月 29 日，国际会计准则理事会发布对中小企业国际财务报告准则（以下简称"准则"）的修订，该修订以 2023 年 5 月发布的所得税国际会计准则修订为基础，是 OECD 支柱二示范规则出台的结果。包括为因实施支柱二产生的递延纳税的会计处理提供临时救济：要求适用准则的公司披露信息，使其财务报表使用者能够评估支柱二立法对其所得税带来的影响。

2023 年 10 月

OECD 通过支柱二应税规则多边公约（OECD Adopts Multilateral Convention for Implementation of Pillar Two Subject to Tax Rule）

2023 年 10 月 3 日，经合组织/二十国集团 BEPS 包容性框架完成了关于一项多边工具的谈判，该工具将保护发展中国家的权利，确保跨国企业对包括服务在内的集团内跨境付款支付最低水平的税款。新的《促进实施支柱二应税规则多边公约》是应对经济数字化带来的税收挑战的"双支柱"解决方案的组成部分，该公约现已开放供签署，是完成支柱二工作的重要一步。应税规则（Subject to Tax Rule，STTR）允许来源地辖区在根据税收协定规定无法征税的情况下征税，将使发展中国家能够对某些集团内部支付征税，前提是这些支付的名义企业所得税税率低于 9%。

OECD 发布支柱一金额 A 多边公约（OECD Releases The Multilateral Convention to Implement Amount A of Pillar One）

2023 年 10 月 11 日，经合组织/二十国集团 BEPS 包容性框架发布了支柱一金额 A 多边公约，该公约更新了国际税收框架以向市场辖区重新分配税收权利，支柱一金额 A 将对在其市场运营的最大、最盈利跨国企业部分利润向市场管辖区重新分配权力，同时确保废除和防止数字服务税等相关类似措施的扩散，避免双重征税，提高国际税收制度的稳定性和确定性，使国际社会向最终确定"双支柱"解决方案迈进了一步，以应对经济数字化和全球化带来的税收挑战。

美参议院财政委员会领导人双边呼吁对加拿大数字服务税采取立即行动（Bipartisan Senate Finance Committee Leaders Urge Immediate U. S. Action Against Canada's Digital Services Tax）

2023 年 10 月 10 日，美国参议院财政委员会的主要成员联合向美国贸易代表发出双边呼吁，敦促其对加拿大政府警告，一旦实施数字服务税（DST），美国将立即采取行动。参议员罗恩·怀登和迈克·克拉波，分别作为委员会主席和资深成员，共同致函凯瑟琳·戴伊，强调必须对他们视为主要影响美国企业的歧视性税收采取强硬回应。

加拿大提出的这项对大型数字服务实体征收 3% 税收的提案，计划于 2024 年生效，并溯及自 2022 年起实施，引发了上述反应。委员会领导人强调，这种单方面的行动可能会破坏美国公司的竞争力，并破坏两国之间稳固的经济联系。这份双边信件全力支持美国贸易代表使用一切可用的贸易工具，以回应加拿大实施此类数字服务税。

2023 年 11 月

乌干达发布关于实施数字服务税的公告（Uganda Issues Public Notice on Implementation of Digital Service Tax）

2023 年 10 月 20 日，乌干达税务局发布关于实施数字服务税的公告。

公告确认，自 2023 年 7 月 1 日起修订《所得税法》，并规定对向乌干达境内个人提供数字服务的非居民征税，具体包括：

（1）在线广告服务；

（2）数据服务；

（3）通过在线市场或中介平台提供的服务，包括住宿在线市场、车辆租赁在线市场以及任何其他运输在线市场；

（4）数字内容服务，包括访问和下载数字内容；

（5）在线游戏服务；

（6）云计算服务；

（7）数据仓库；

（8）通过社交媒体平台或任何互联网搜索引擎提供的任何其他服务；

（9）通过法定文书规定的任何其他数字服务。

公告还规定，向乌干达境内任何人提供上述服务的非居民必须进行如下操作：

（1）通过乌干达税务局门户网站进行所得税登记（已进行税务登记的非居民无需再次登记），以便对向乌干达境内个人提供的电子服务进行增值税核算；

（2）在每季度结束后 15 天内提交季度申报表，申报来自乌干达的收入金额，即应在 4 月、7 月、10 月和 1 月的 15 日之前提交；

（3）在 4 月、7 月、10 月和 1 月的 15 日之前缴纳来自乌干达总收入的 5% 的税款。

此外，公告还告知居民纳税人和公众，他们必须对支付给未进行税务登记的非居民数字服务供应商的款项预扣税款。已登记的非居民服务供应商名单将在官方网站上公布。

2023 年 12 月

墨西哥发布更新的非居民数字服务提供商注册名单（Mexico Publishes Updated List of Registered Non-Resident Digital Service Providers）

2023 年 11 月 17 日，墨西哥税务管理局发布了官方函件编号 700 - 04 - 00 - 00 - 00 - 2023 - 145，并在官方公报上发布。该函件包含了根据墨西哥新要求注册的非居民数字服务提供商的更新名单，这些要求通常自 2020 年 6 月 1 日起适用。截至 2023 年 10 月 31 日，该名单包括 198 家公司，包括新增的 Arrivia，Inc.、Informa Telecoms & Media Limited、Jumio Corporation 和 Travelclick，Inc.，以及移除的 MD Canada Wellness Solutions 和 Ellation，LLC。

根据这些要求，非居民服务提供商在向墨西哥收件人提供服务时，必须在联邦纳税人注册处注册，并需对其服务计算并收取增值税。此外，通过数字中介服务在墨西哥提供商品、服务或住宿的个人用户，须缴纳所得税和增值税，通常由中介服务提供商代扣代缴。

2024 年 1 月

OECD 发布支柱二 GloBE 规则征管指南（2023 年 12 月）OECD Releases Agreed Administrative Guidance for the Pillar Two GloBE Rules（December 2023）

2023 年 12 月 18 日，OECD 发布支柱二 GloBE 规则征管指南（2023 年 12 月）。该指南对一些关键领域作了进一步说明，将有助于多国企业集团向 GloBE 规则的过渡，如过渡性国别报告安全港（Transitional CbCR Safe Harbour）的适用、为界定多国企业集团而对收入的定义等。指南还包括：在组成实体的财务年度或财务年度与纳税年度不匹配的情况下适用 GloBE 规则的指南；当某些组成实体不根据 GloBE 规则计算其企业所得税税率时，在受控外国公司（CFC）税制下产生的税款分配指南；以及非重要组成实体的简化计算安全港。

5 个成员国告知欧盟委员会其将选择延迟适用 IIR 和 UTPR（Five Member States Notifies the European Commission of the Intention to Elect for a Delayed Application of the IIR and UTPR）

2023 年 12 月 12 日，爱沙尼亚、拉脱维亚、立陶宛、马耳他、斯洛伐克告知欧盟委员会其将根据支柱二指令第 50 条选择延迟适用收入纳入规则（Income Inclusion Rule，IIR）和低税支付规则（Undertaxed Profits Rule，UTPR），并声明在其境内该指令范围内的集团最终母公司实体不超过 12 家。该选择不应扭曲支柱二体系在欧盟内部和其他地方的运作，因此，做出该选择的成员国必须将支柱二指令的所有其他相关规定纳入其中，以便纳税人和其他成员国及司法管辖区能够正确应用该体系。该选择也并不导致集团脱离在其他成员国或第三国的补税责任，只是授权做出该选择的成员国自 2023 年 12 月 31 日起连续六个财务年度不适用 IIR 和 UTPR。

丹麦通过支柱二（Denmark Passes Pillar Two）

2023 年 12 月 7 日，丹麦议会通过第 L5 号法案，将支柱二纳入丹麦法律。全球最低税规则被纳入一部新的法律，即《最低税法》（Minimumsbeskatningsloven）。该法严格遵循 2022 年 12 月 14 日理事会指令（欧盟）2022/2523 的结构，并包括经合组织于 2022 年和 2023 年发布的澄清和解释，该法还引入了合格国内最低补足税（QDMTT）。

收入纳入规则（IIR）适用于 2023 年 12 月 31 日或其后开始的财政年度，而低税支付规则（UTPR）适用于 2024 年 12 月 31 日或其后开始的财政年度。然而，对于自 2023 年 12 月 31 日起连续六个财政年度选择不适用 IIR 和 UTPR 的国家的低税率组成实体，UTPR 自 2023 年 12 月 31 日起适用。

斯洛伐克共和国部分实施支柱二全球最低税（Slovak Republic Partially Implements Pillar Two Global Minimum Tax）

2023 年 12 月 8 日，斯洛伐克共和国在官方公报上发布了第 507/2023 号法律，规定根据 2022 年 12 月 14 日的理事会指令（欧盟）2022/2523 部分实施支柱二全球最低税。该法于 2023 年 12 月 31 日生效，规定对斯洛伐克共和国境内的范围内多国企业集团的组成实体征收"补充"国内补足税（"Supplementary"Domestic Top-up Tax），以确保在前四个财政年度中至少有两个年度合并收入至少为 7.5 亿欧元的跨国集团的最低税率为 15%。

正如欧盟委员会先前所确认的，斯洛伐克共和国正在推迟实施《指令》第 50 条所允许的收入纳入规则（IIR）和低税支付规则（UTPR），尽管第 507/2023 号法律似乎并未直接涉及这一点。第 50 条规定的延迟一般适用于自 2023 年 12 月 31 日起的连续六个财政年度，这意味着斯洛伐克共和国必须在 2029 年 12 月 31 日之前实施 IIR 和 UTPR。

瑞典议会批准实施支柱二全球最低税（Swedish Parliament Approves Implementation of Pillar Two Global Minimum Tax）

2023 年 12 月 13 日，瑞典议会宣布批准《附加税法》，以根据 2022 年 12 月 14 日的理事会指令（欧盟）2022/2523 实施支柱二全球最低税规则。该法于 2023 年 12 月 16 日公布，规定引入支柱二收入纳入规则（IIR）和低税支付规则（UTPR），以确保在前四个财政年度中至少有两个年度合并收入至少为 7.5 亿欧元的跨国集团的最低税率为 15%。该法还包括对范围内集团成员征收合格国内最低补足税（QDMTT）。

该法将于 2024 年 1 月 1 日生效，将首次适用于 2023 年 12 月 31 日之后开始的纳税年度，但 UTPR 除外，其将适用于 2024 年 12 月 31 日之后开始的纳税年度。

比利时众议院批准支柱二全球最低税（Belgian Chamber of Representatives Approve Pillar Two Global Minimum Tax）

2023 年 12 月 14 日，比利时众议院批准了根据 2022 年 12 月 14 日（欧盟）第 2022/2523 号理事会指令实施支柱二全球最低税的法律。该法律包括引入支柱二收入纳入规则（IIR）和低税支付规则（UTPR），以确保在前四个财政年度中至少有两个年度合并收入至少为 7.5 亿欧元的跨国集团的最低税率为 15%。该法律还包括对范围内集团成员征收合格国内最低补足税（QDMTT），IIR 和 QDMTT 适用于 2023 年 12 月 31 日或之后开始的纳税年度，UTPR 适用于 2024 年 12 月 31 日或之后开始的纳税年度。

捷克总统签署实施支柱二全球最低税的法律（Czech President Signs Law Implementing Pillar Two Global Minimum Tax）

2023 年 12 月 14 日，捷克总统签署了根据 2022 年 12 月 14 日理事会指令（欧盟）2022/2523 实施支柱二全球最低税的法律。该法律于 2023 年 12 月 20 日在《政府公报》上公布。该法律纯粹是反映指令的移植性法律条例，其中包括引入支柱二收入纳入规则（IIR）和低税支付规则（UTPR），以确保在前四个财政年度中至少有两个年度合并收入至少为 7.5 亿欧元的跨国集团的最低税率为 15%。该法还包括对范围内集团成员征收合格国内最低补足税（QDMTT），以及某些安全港规则。

该法于 2023 年 12 月 31 日生效，适用于该日期或之后开始的财政年度，但 UTPR 除外，适用于 2024 年 12 月 31 日或之后开始的财政年度。然而，UTPR 将自 2023 年 12 月 31 日起适用于最终母公司位于欧盟成员国的集团组成实体，该欧盟成员国已选择自 2023 年 12 月 31 日起连续六年推迟 IIR 和 UTPR 的生效，原因是范围内集团的最终母公司实体不超过 12 家。

德国议会批准支柱二全球最低税（German Parliament Approves Pillar Two Global Minimum Tax）

2023 年 12 月 15 日，德国联邦委员会批准了确保欧盟跨国企业集团和大型国内集团全球最低税收指令的实施法（MinBestRL-UmsG）。该法于 2023 年 11 月 10 日获得德国联邦议院批准，现已成为法律并在官方公报上公布。

该法律规定根据 2022 年 12 月 14 日的理事会指令（欧盟）2022/2523 实施支柱二全球最低税，包括收入纳入规则（IIR）和低税支付规则（UTPR），以及合格国内最低补足税（QDMTT）。该法还纳入了有关 GloBE

规则的征管指南以及某些安全港。此外，该法还包含对某些其他立法的相关修订，包括：

（1）将《外国交易税法》（AStG）第8条第5款的低税率起征点从25%降至15%；

（2）根据《所得税法》（EStG）第4j条的规定，对于支付给低税率纳税人的权利转让（许可）费用的部分扣除限制，将低税率起征点从25%降至15%。

该法律首次适用于2023年12月30日之后开始的财政年度，UTPR将适用于2024年12月30日之后开始的财政年度。然而，对于最终母公司位于欧盟成员国的集团组成实体而言，UTPR适用于2023年12月31日或之后开始的财政年度，而欧盟成员国已行使指令第50条中的选择权，推迟适用IIR和UTPR。第50条规定，如果范围内集团的最终母公司不超过12家，则该成员国可选择将IIR和UTPR的适用时间推迟6年。

罗马尼亚议会批准支柱二全球最低税（Romanian Parliament Approves Pillar Two Global Minimum Tax）

2023年12月19日，罗马尼亚议会批准了根据2022年12月14日理事会指令（欧盟）2022/2523实施支柱二全球最低税的法律。该法律包括引入支柱二收入纳入规则（IIR）和低税支付规则（UTPR），以确保在前四个财政年度中至少有两个年度合并收入至少为7.5亿欧元的跨国集团的最低税率为15%。该法律还包括对范围内集团成员征收合格国内最低补足税（QDMTT），罗马尼亚将其称为合格的国内附加税。

该法律适用于2023年12月31日或之后开始的财政年度，UTPR除外，适用于2024年12月31日或之后开始的财政年度。

瑞典就支柱二全球最低税提供指导意见（Sweden Provides Guidance on Pillar Two Global Minimum Tax）

2023年12月20日，瑞典税务局就支柱二全球最低税提供指导意见，对于大型集团公司而言，该税被称为"附加税"。瑞典于 2023 年 12 月 13 日发布了《附加税法》，该法自 2024 年 1 月 1 日起适用。该指南包括五个主要部分：

（1）什么是附加税？

（2）涵盖哪些集团？

（3）临时简化规则；

（4）如何计算附加税额？

（5）哪些集团应缴纳附加税？

奥地利议会批准支柱二全球最低税（Austrian Parliament Approves Pillar Two Global Minimum Tax）

2023 年 12 月 20 日，奥地利联邦委员会批准了《最低税改革法》（MinBestRefG），以根据 2022 年 12 月 14 日的理事会指令（欧盟）2022/2523 实施支柱二全球最低税。该法于 2023 年 12 月 16 日公布，规定引入支柱二收入纳入规则（IIR）和低税支付规则（UTPR），以确保在前四个财政年度中至少有两个年度合并收入至少为 7.5 亿欧元的跨国集团的最低税率为 15%。该法还包括对范围内集团成员征收合格国内最低补足税（QDMTT）。

《最低税改革法》于 2023 年 12 月 31 日生效，一般适用于 2023 年 12 月 31 日或之后开始的财政年度，但 UTPR 除外，适用于 2024 年 12 月 31 日或之后开始的财政年度。然而，对于最终母公司位于欧盟成员国的集团组成实体而言，UTPR 适用于 2023 年 12 月 31 日或之后开始的财政年度，而欧盟成员国已行使指令第 50 条中的选择权，推迟适用 IIR 和 UTPR。

克罗地亚实施第二支柱全球最低税（Croatia Implements Pillar Two Global Minimum Tax）

2023 年 12 月 22 日，克罗地亚在官方公报上公布了《全球最低利润税法》，克罗地亚议会于 12 月 15 日通过了该法。该法律包括引入支柱二收入纳入规则（IIR）和低税支付规则（UTPR），以确保在前四个财政年度中至少有两个年度合并收入至少为 7.5 亿欧元的跨国集团的最低税率为 15%。该法律还包括对范围内集团成员征收合格国内最低补足税（QDMTT）以及某些安全港。

IIR 和 QDMTT 将适用于 2023 年 12 月 31 日或之后开始的财政年度，而 UTPR 将适用于 2024 年 12 月 31 日或之后开始的财政年度。然而，对于最终母公司位于欧盟成员国的集团组成实体而言，UTPR 适用于 2023 年 12 月 31 日或之后开始的财政年度，而欧盟成员国已行使指令第 50 条中的选择权，推迟适用 IIR 和 UTPR。

卢森堡颁布支柱二全球最低税法（Luxembourg Enacts Law for Pillar Two Global Minimum Tax）

2023 年 12 月 22 日，尽管人们担心所需立法可能无法在年底前完成，但卢森堡已批准并在官方公报上公布了与有效最低税有关的法律，以期将 2022 年 12 月 14 日的理事会指令（欧盟）2022/2523 纳入其中。该法律包括引入支柱二收入纳入规则（IIR）和低税支付规则（UTPR），以确保在前四个财政年度中至少有两个年度合并收入至少为 7.5 亿欧元的跨国集团的最低税率为 15%。该法律还包括对范围内集团成员征收合格国内最低补足税（QDMTT）。

该法律一般适用于 2023 年 12 月 31 日或之后开始的纳税年度，包括 IIR 和 QDMTT，而 UTPR 一般适用于 2024 年 12 月 31 日或之后开始的纳税年度。然而，对于最终母公司位于欧盟成员国的集团组成实体而言，UTPR 适用于 2023 年 12 月 31 日或之后开始的财政年度，而欧盟成员国已行使指令第 50 条中的选择权，推迟适用 IIR 和 UTPR。

波多黎各考虑实施支柱二全球最低税的可能性（Porto Rico Publishes Request for Proposal for International Tax Framework Assessment Professional Services）

2023 年 12 月 4 日，波多黎各财政部发布了关于实施支柱二全球最低税的意见征求书（Request for Proposal，RFP）。意见征求书旨在推进 OECD 支柱二税收框架在波多黎各的落地以及满足为其在波多黎各的可能实施提供国际税收咨询服务的要求。

2024 年 2～3 月

OECD 发布关于支柱一金额 B 的报告（OECD Releases the Report on Amount B of Pillar One）

2024 年 2 月 19 日，OECD/G20 BEPS 包容性框架发布了关于支柱一金额 B 的报告。该报告为将正常交易原则应用于基准营销和分销活动提供了一种简化方法，并特别关注低产能国家的需求，报告内容现已纳入《OECD 转让定价指南》。

OECD 秘书长向 G20 财长和央行行长提交税务报告（OECD Secretary-General Tax Report to G20 Finance Ministers and Central Bank Governors）

2024 年 2 月 29 日，OECD 秘书长向 G20 财长和央行行长提交税务报告。该报告介绍了国际税制改革的最新情况，包括 OECD/G20 BEPS 包容性框架的最新进展，介绍了经济数字化带来的税收挑战的"双支柱"解决方案、BEPS 最低标准的实施、税收透明度、间接税以及经合组织在税收制度的不平等、税收与发展、税收与犯罪等方面的工作。

韩国发布支柱二全球最低税新要求并启动国际税务响应小组（South Korea Notes New Pillar Two Global Minimum Tax Requirements and Launch of International Tax Response Team）

2024 年 1 月 4 日，韩国国家税务局发布支柱二全球最低税（Global Minimum Tax，GMT）新要求，确认韩国从 2024 年 1 月 1 日起实施 GMT 标准，并成立一个新的国际税务响应小组，负责管理 GMT 标准并参与讨论实施支柱一征税权再分配的规则，同时还指出，GMT 规则适用于集团合并收入在过去四个财政年度中两年或以上超过 7.5 亿欧元的跨国集团，并且除了新的公司税申报表之外，这些集团还需要遵守新的申报要求，第一次申报将于 2026 年 6 月底到期。

新西兰发布"双支柱"解决方案的最新进展（New Zealand Provides Update on Status of Two-Pillar Solution）

2024 年 2 月 23 日，新西兰税务局公布了 OECD "双支柱"解决方案最新进展以及新西兰的具体实施进程，主要内容如下。

（1）支柱一金额 A。支柱一的金额 A 是对超大型跨国集团全球利润征税权在各辖区间的重新分配。目前，金额 A 尚未最终确定。

（2）支柱一金额 B。金额 B 提供了一种简化的转让定价方法，各辖区可选择适用于 2025 年 1 月 1 日或之后开始的财政年度的国内基本营销和分销活动。

新西兰没有选择采用这种方法，目前针对小型外资批发分销商的简化措施仍然有效，现行转让定价规则适用于所有其他情况。

（3）支柱二。支柱二包括全球反税基侵蚀规则（GloBE 规则），旨在确保大型跨国企业依据其在每个管辖区运营产生的收入支付最低水平的税款。目前，新西兰尚未实施 GloBE 规则。

罗马尼亚发布实施支柱二全球最低税的法律（Romania Publishes Law Implementing Pillar Two Global Minimum Tax）

2024 年 1 月 5 日，罗马尼亚在《官方公报》上公布了 2023 年 12 月 29 日的第 431 号法律，该法律规定根据 2022 年 12 月 14 日的理事会指令（欧盟）2022/2523 实施支柱二全球最低税。该法律包括引入支柱二收入纳入规则（IIR）和低税支付规则（UTPR），以确保在前四个财政年度中至少有两个年度合并收入至少为 7.5 亿欧元的跨国集团的最低税率为 15%。该法律还包括对范围内集团成员征收合格国内最低补足税（QDMTT）。受新规则约束的纳税人必须在财政年度结束后 15 个月内提交申报并缴纳任何应缴的税款，但第一年可延长至 18 个月。为此所需的表格和程序将在法律生效后 12

个月内发布。

第 431 号法律于 2024 年 1 月 8 日生效，适用于 2023 年 12 月 31 日或之后开始的财政年度，但 UTPR 除外，适用于 2024 年 12 月 31 日或之后开始的财政年度。

挪威实施支柱二全球最低税（Norway Implements Pillar Two Global Minimum Tax）

2024 年 1 月 12 日，挪威在《政府公报》上公布了《补足税法（Supplementary Tax Act）》，规定实施支柱二全球最低税（补足税）。该法律包括引入支柱二收入纳入规则（IIR）和合格国内最低补足税（QDMTT），以确保在前四个财政年度中至少有两个年度合并收入至少为 7.5 亿欧元的跨国集团的最低税率为 15%。该法律不包括低税支付规则（UTPR）。

根据《补足税法》，还对《税收征管法》和《纳税法》进行了修订。还公布了相关条例，规定提交补足税通知的截止日期为财政年度结束后的 15 个月，但第一个财政年度的截止日期延长至 18 个月。补足税报税截止日期为通知截止日期后的一个月。补足税款应在补足税报税截止日期三周后缴纳。

《补足税法》适用于 2023 年 12 月 31 日之后开始的财政年度，相关修正案和法规于 2024 年 1 月 1 日生效。

西班牙敲定实施支柱二全球最低税立法（Spain Finalizing Legislation for Implementation of Pillar Two Global Minimum Tax）

2024 年 1 月 17 日，西班牙财政部将根据 2022 年 12 月 14 日的理事会指令（欧盟）2022/2523，最终确定实施支柱二全球最低税的立法，目前的立法磋商将于 2024 年 1 月 19 日结束。该立法包括引入支柱二收入纳入规则（IIR）和低税支付规则（UTPR），以确保在前四个财政年度中至少有两个年度合并收入至少为 7.5 亿欧元的跨国集团的最低税率为 15%。法律草案还规定引入合格国内最低补足税（QDMTT）。在获得批准并在《政府公报》

上公布后，收入纳入规则和合格国内最低补足税将适用于 2023 年 12 月 31 日或之后开始的纳税年度，UTPR 一般适用于 2024 年 12 月 31 日或之后开始的纳税年度。

美国国会研究服务处发布最新报告解读全球利润转移提案（U. S. Congressional Research Service Publishes Updated Report on International Tax Proposals Addressing Profit Shifting：Pillars One and Two）

2024 年 1 月 31 日，美国国会研究服务处（CRS）发布了关于应对全球利润转移的国际税收提案的最新报告，涵盖了支柱一和支柱二的内容。报告概述了 2021 年 6 月 5 日七国集团（G7）财长就全球利润转移达成的两项提案：支柱一旨在赋予市场国家对大型跨国公司剩余利润的征税权，并取消数字服务税；支柱二提出至少 15% 的全球最低税率。这些提案需要通过国内法律变更实施，并可能导致美国及其他国家税法和国际协议的重大调整。此外，报告指出，全球最低税率的实施将减少税收竞争，吸引更多资本流入高税率国家。

2024 年 4 月

美国和土耳其延长数字服务税协议（U. S. and Turkey Extend Compromise Agreement on Digital Services Tax）

2024 年 3 月 12 日，美国财政部宣布，与土耳其就从土耳其现行的数字服务税（DST）过渡到 OECD 支柱一所同意的新多边解决方案的妥协协议已经延期。该协议首次于 2021 年 11 月达成，本质上提供，美国公司在临时期间累积的任何 DST 负债将可在未来根据支柱一累积的所得税中抵扣，前提是 DST 负债超过根据支柱一应支付的金额。作为回报，美国同意终止对土耳其进口商品所施加的额外关税，这些关税是在完成对其 DST 的 301 条款调查后施加并随后暂停的。根据协议，"临时期"原本是从 2022 年 1 月 1 日开始，到支柱一多边公约生效之日或 2023 年 12 月 31 日之前的较早日期结束。现在这一期限已延长至 2024 年 6 月 30 日。

新西兰议会财政和支出委员会支持从 2025 年开始实施 GloBE 支柱二规则（New Zealand Parliament Finance and Expenditure Committee Supports Implementation of Pillar Two GloBE Rules Starting in 2025）

2024 年 3 月 13 日，新西兰议会财政和支出委员会发布关于《税收（2023～2024 年年度税率、跨国税收和补救事项）法案》的最终报告，其中包括实施 OECD 支柱二全球反税基侵蚀规则（Global Anti-Base Erosion，GloBE）的措施。财政和支出委员会在其报告中支持执行该规则，但对原草案进行了一些调整，包括有关申请（生效）日期的调整。特别是，委员会建议修订该法案，以便从 2025 年 1 月 1 日起适用收入纳入规则和低税支付规则，并从 2026 年 1 月 1 日起适用国内收入纳入规则。关于全球反税基侵蚀规则，报告包括以下内容。

（1）该法案第 44 条将在 2007 年所得税法案中增加一个部分，以在新西兰实施 OECD 全球反税基侵蚀规则。这些规则旨在防止"恶性竞争"，即各国通过提供税收优惠和低税率，竞相吸引流动收入（如利息、股息和特许权使用费）。这种"恶性竞争"可能意味着一些大型跨国企业缴纳的税款相对较少。

（2）全球反税基侵蚀规则仅适用于前四年中任何两年合并收入超过 7.5 亿欧元的跨国企业。这些实体必须向新西兰税务局缴纳补足税，依据是：收入纳入规则，适用于总部位于新西兰的跨国公司在另一国家的收入征税不足的情况；国内收入纳入规则，适用于总部位于新西兰的跨国公司在新西兰的收入征税不足的情况；低税支付规则，这是一个备用规则，将确保设在未实施全球反税基侵蚀规则的国家的跨国企业仍然必须支付补充税。

澳大利亚就全球最低税和国内最低税向公众征求意见（Australia Consulting on Legislation for Global and Domestic Minimum Tax）

2024 年 3 月 21 日，澳大利亚财政部就实施支柱二全球最低税的一级立法和从属立法发起了公众咨询。一级立法的主要内容为在澳大利亚实施GloBE 规则和国内最低税（Domestic Minimum Tax，DMT），包括以下法案：

（1）征收法案：2024 年税收（跨国公司 – 全球和国内最低税）征收法案；

（2）评估法案：2024 年税收（跨国公司 – 全球和国内最低税）法案；

（3）后续法案：2024 年财政法修正案（跨国公司 – 全球和国内最低税）。

一级立法征求意见的截止日期为 2024 年 4 月 16 日，从属立法征求意见的截止日期为 2024 年 5 月 16 日。

立陶宛公布部分实施并延期实施全球最低税支柱二的法律草案（Lithuania Publishes Draft Law for Partial Implementation of Pillar Two Global Minimum Tax with Deferral）

2024 年 3 月 13 日，立陶宛议会审议第 XIVP – 3533 号法律草案，以根据 2022 年 12 月 14 日欧盟理事会第 2022/2523 号指令部分实施支柱二全球最低税法案。该法律草案符合立陶宛于 2023 年 9 月宣布的计划，包括推迟适用主要规则，其中包括收入纳入规则（IIR）和低税支付规则（UTPR）。指令中包含了规则的选项，规定指令范围内集团的最终母公司不超过 12 家的成员国可以选择在连续六个财政年度内不适用 IIR 和 UTPR。因此，该法律草案仅部分移植了指令要求的条款，包括各种定义、确定集团成员实体所在地的规则、报告要求以及与推迟有关的过渡规则。

美国国会联合税收委员会发布关于跨国企业税收及 OECD 支柱一背景下税权重新分配可能性的报告（U. S. Joint Committee on Taxation Report on Taxation Of Multinational Enterprises And The Potential Reallocation Of Taxing Rights Under Pillar One）

2024 年 3 月 5 日，美国国会联合税收委员会发布了一份报告，名为《跨国企业税收背景及分析以及 OECD 支柱一背景下税权重新分配可能性的分析》。该报告是为了即将召开的众议院筹款委员会关于 OECD 支柱一听证会而发布，听证会的主题为"确保拜登政府优先考虑美国人"。

2024 年 3 月 7 日，众议院筹款委员会举行公开听证会。听证会由国会联合税收委员会工作人员主持，报告了与跨国企业所赚取的收入税收相关的法律和经济背景，以及支柱一金额 A 下潜在的经济和收入影响。

美国参众两院财政领袖呼吁拜登政府在支柱一谈判达成更好的税收协议
(U. S. Senate and House Finance Leaders Call on Biden Administration to
Negotiate Better Tax Deal Under Pillar One)

2024 年 3 月 13 日，美国参议院财政委员会首席成员迈克·克拉波和众议院筹款手段委员会主席杰森·史密斯发表了一份联合声明，呼吁拜登政府在支柱一税收权重分配谈判达成一个更好的协议。此声明是在最近关于支柱一的联合税收委员会报告之后发表的。

2024 年 5 月

希腊实施支柱二全球最低税 (Greece Implements Pillar Two Global
Minimum Tax)

2024 年 4 月 5 日，希腊官方公报公布了第 5100 号法律。该法律依据 2022 年 12 月 14 日欧盟理事会（EU）2022/2523 号指令，实施支柱二全球最低税规则。该法案引入了支柱二收入纳入规则（IIR）和低税支付规则（UTPR），以确保跨国企业集团前四个财年中的至少两个财年的年度合并收入达到 7.5 亿欧元的情况下，税率达到最低 15%。此外还引入了合格国内最低补足税规则（QDMTT），以及安全港规定。

收入纳入规则（IIR）和合格国内最低补足税（QDMTT）将适用于 2023 年 12 月 31 日及其后开始的财年，而低税支付规则（UTPR）适用于 2024 年 12 月 31 日及其后开始的财年。然而，如果一个集团的最终母公司设立在选择推迟实施全球最低税规则的欧盟成员国，低税支付规则

（UTPR）将适用于 2023 年 12 月 31 日及其后开始的财年。

爱沙尼亚批准国别公共报告立法并部分实施支柱二全球最低税规则（Estonia Ratifies Legislation on Country-by-Country Public Reporting and Partially Implemented Pillar Two Global Minimum Tax Rules）

2024 年 4 月 10 日，爱沙尼亚议会批准了《税收信息交换法》《税法》和《所得税法》（379 SE）的补充法案，执行 2021/2101 欧盟理事会指令国别公共报告要求和 2022/2523 欧盟理事会指令支柱二全球最低税的申报要求。

税务机关有权在其网站上公布根据标准国别报告要求收到的 2024 年 7 月 22 日或其后开始的财政年度有关信息。2022/2523 欧盟理事会指令第 50 条允许爱沙尼亚推迟适用收入纳入规则（IIR）和低税支付规则（UTPR），仅部分采纳了确定集团组成实体所在地的规则和最低申报要求。在爱沙尼亚的集团最终母公司必须指定一个实体在另一个欧盟成员国进行申报，如果集团在另一个成员国没有实体，则必须指定一个集团实体在非实体第三国申报，该第三国应与集团其他实体所在的最低税辖区签订合格的主管当局协议，交换报告财政年度的申报。

2024 年 6 ~ 7 月

加拿大通过 DST 立法和最低税立法（Canada Enacts Legislation for Digital Service Tax and Global Minimum Tax）

2024 年 6 月 20 日，加拿大颁布《2023 年秋季经济声明实施法案》（C‑59 法案）和《2024 年第 1 号预算执行法案》（C‑69 法案）。

C‑59 法案的关键措施之一是实施 3% 的数字服务税（Digital Services Tax，DST）。该法案的生效日期还需进一步确定，但不早于 2024 年 1 月 1 日，这样政府就可以根据 OECD 的"双支柱"方案进展来确定法案的实施。C‑59 法案还包括收益剥离规则，将净利息支出的扣除限制设定在不超过

EBITDA 的一定比例（2023 年 10 月 1 日及以后纳税年度的初始比率为 40%，2024 年 1 月 1 日及以后纳税年度的最终比率为 30%）；实施与 BEPS 行动计划 2 建议一致的混合错配规则。

C-69 法案包括全球最低税法（Global Minimum Tax Act，GMTA）的收入纳入规则（Income Inclusion Rule，IIR）和国内最低补足税规则（Domestic Minimum Top-up Tax，DMTT）。修订后的 GMTA 提案与 2023 年 8 月公布的初步提案大体一致，但也进行了一些修改，包括对财务会计收入的定义、可转让税收抵免、国际航运净收入或损失的排除、被动收入的处理、合格穿透税收优惠、投资实体的确定、安全港规则、过渡规则、DMTT 以及行政事项等方面的内容。

澳大利亚税务局公布全球和国内最低税待决事项指引（ATO Publishes Guidance on Pending Global and Domestic Minimum Tax）

2024 年 6 月 24 日，澳大利亚税务局公布有关在澳洲推行 OECD/G20 为跨国企业集团设计的"双支柱"解决方案的情况，即全球和国内最低税。

全球反税基侵蚀规则（The Global Anti-Base Erosion Rules，GloBE Rules）是 OECD/G20 包容性框架"双支柱"解决方案的关键要素，旨在应对经济数字化带来的税收挑战。其目的是设定最低税率，以阻止大型跨国企业集团将利润转移到缴纳税款更少的国家。

"双支柱"方案在澳大利亚的推行情况如下。

（1）2023 年 5 月 9 日，澳大利亚政府宣布将落实 OECD/G20"双支柱"解决方案中支柱二的主要内容，以应对经济数字化带来的税务挑战。同时，澳大利亚政府提出了实施全球最低税和国内最低税的改革建议。

（2）澳大利亚税务局正在推进这项工作，包括在 2026 年 6 月 30 日和首次提交相关法律文本之前设计国内纳税申报表和制定管理措施制度。

（3）自 2024 年 2 月 1 日起，澳大利亚税务局共举行了 25 次咨询会议，咨询对象包括跨国企业集团、行业团体、顾问和数字服务供应商。

OECD/G20 BEPS 包容性框架联合主席发表关于签署多边公约的声明（Co-Chairs of the OECD/G20 Inclusive Framework on BEPS Issue Statement on Multilateral Convention Signature）

2024 年 5 月 30 日，OECD/G20 BEPS 包容性框架联合主席发表关于签署多边公约的声明。税基侵蚀和利润转移包容性框架第 16 次会议于 2024 年 5 月 28 日至 5 月 30 日在巴黎举行，会议讨论了一系列议题，包括 BEPS 最低标准的实施情况和影响、全球最低税的实施情况等，联合主席声明 BEPS 包容性框架即将完成支柱一最后一揽子方案的谈判，及时达成最后协议，以便在 6 月底之前开放多边公约供签署。

欧盟委员会发布五月侵权一揽子决定（European Commission Issues May Infringements Package）

2024 年 5 月 23 日，欧盟委员会发布五月侵权一揽子决定（May Infringements Package），对未能履行欧盟法律义务的成员国采取法律行动，其中涉及税收领域的主要包括以下内容。

（1）欧盟委员会要求西班牙、塞浦路斯、拉脱维亚、立陶宛、波兰和葡萄牙通报将支柱二指令纳入国内法的措施。欧盟委员会认为，"双支柱"解决方案要求所有大型跨国公司必须缴纳 15% 的最低实际税率，所有欧盟成员国都必须在 2023 年 12 月 31 日之前使支柱二有关法律生效，迄今为止，大多数欧盟成员国都履行了这些义务，但西班牙、塞浦路斯、拉脱维亚、立陶宛、波兰和葡萄牙仍未通报其实施措施。因此，欧盟委员会向这些成员国发布了一份说明性意见，这些成员国需要在两个月内作出回应并采取必要措施，否则委员会可能将此案提交至欧盟法院。

（2）欧盟委员会呼吁德国、匈牙利、波兰和罗马尼亚履行与其他成员国就数字平台收入的税收透明度问题进行合作的义务。2021 年 3 月 22 日发布的第 2021/514 号指令（欧盟）修订了关于税收领域行政合作的第 2011/16/EU 号指令（DAC7），自 2023 年 1 月 1 日起引入了针对数字平台交易的新税收透明度规则——数字平台有义务在2023年收集个人和公司的收入信息，并将其报告给平台所在的成员国，然后，该成员国必须在2024年2月29日之前交换这些信息。然而德国、匈牙利、波兰和罗马尼亚未能履行与其他成员国税务机关交换必要信息的义务，阻碍了当地税法的执行。因此，欧盟委员会向德国、匈牙利、波兰和罗马尼亚发出正式通知函，要求它们在两个月内答复并解决欧盟委员会提出的问题。

（3）欧盟委员会要求希腊修改汽车税收和登记立法。根据欧洲法院的判例法，对进口汽车征税的计算方法不同于对同类国产汽车而导致对进口产品征收更高的税款，违反了相关协定的条款。根据希腊现行规定，对所有车辆征收的登记税中，某些类别的进口二手车税率高于同类国产二手车，对国产二手车和在从另一成员国购买并随后在希腊注册的二手车区别对待，而且禁止某些进口到希腊的二手车登记，欧盟委员会认为希腊汽车税收和登记立法违背了欧洲法院的规定，要求其进行修改。

（4）欧盟委员会要求西班牙修改对非居民纳税人分期支付的资本利得征税的规定。对于因资产转让而产生的资本利得，如果延期支付的时间超过一年，或分期支付的时间超过一年，居民纳税人可以选择在资本利得产生时纳税，或延期纳税并根据现金流按比例纳税，然而，非居民纳税人则无法选择延期纳税，必须在资产转让时纳税。欧盟委员会于2021年12月2日向西班牙发出正式通知函，但西班牙没有按照欧盟法律的要求调整其立法，西班牙现在有两个月的时间作出回应并采取必要措施，否则，欧盟委员会可能将此案提交欧盟法院。

（5）欧盟委员会要求瑞典修改其关于外国承包商预扣所得税的规定。瑞典客户为在其他欧盟成员国或欧洲经济区国家设立的承包商工作付款时，有义务按30%的税率预扣所得税，除非外国承包商已获得瑞典税务机关的批准。欧盟委员会认为，如果外国承包商在瑞典没有常设机构，即在瑞典没有所得税纳税义务，那么这种预扣预缴义务就侵犯了提供服务的自由。因此，欧盟委员会要求瑞典修改其关于外国承包商所得税的规定，瑞典现在有两个月的时间作出回应并采取必要措施，否则，欧盟委员会可能将此案提交欧盟法院。

（6）欧盟委员会要求西班牙废除公司分立有关税收递延政策的限制性附加条件。为确保企业重组不受重组时税收的影响，对此类重组产生的资本利得应推迟到以后处置资产和股份时再进行征税，然而，西班牙法律对公司分立规定了限制性条件，如果被分立公司的股东在分立后获得的股份比例不一致，则不能享受税收递延，除非获得的资产是业务分支。欧盟委员会于2019 年 11 月向西班牙发送了一份意见通知，但相关法律法规的执行仍不完全符合欧盟法律。

（7）欧盟委员会呼吁比利时、意大利、塞浦路斯、斯洛文尼亚、奥地利和芬兰完成公开国别报告指令的转换工作。公开国别报告指令规定了某些收入超过 7.5 亿欧元的跨国企业（包括在欧盟开展业务的非欧盟跨国企业）公开披露所得税信息的规则，如果延迟实施这一政策，将有损于提升企业税收遵从的目标，危及公民对国家税收制度公平性的信任。因此，委员会向比利时、意大利、塞浦路斯、斯洛文尼亚、奥地利和芬兰发送意见通知，这些国家现在有两个月的时间作出回应并采取必要措施，否则，委员会可能将案件提交欧盟法院。

G7 财长和央行行长发布公报（G7 Finance Ministers and Central Bank Governors Issue Communiqué）

2024 年 5 月 25 日，七国集团财政部长和中央银行行长结束了在意大利斯特雷萨举行的会议，并就会议发布公报。会议就人工智能、全球卫生架构、气候治理、多边开发银行、非洲医药产品生态系统等议题进行了讨论。大致包含以下内容：税务方面，会议强调将致力于建立一个更稳定、更公平的国际税制体系，将"双支柱"解决方案作为最优先级，落实 BEPS 包容性框架有关工作，以期在 2024 年 6 月底之前签署支柱一多边公约；支持相关司法管辖区有效实施加密资产报告框架，最迟在 2027 年或 2028 年开始第一轮信息交换；在现有成就的基础上以及发展中国家和发达国家的广泛参与下，持续推进国际税收合作，努力加大对个人公平征税的力度。

BEPS 包容性框架发布关于实施"双支柱"解决方案的补充要点（Inclusive Framework on BEPS Releases Supplementary Elements on the Implementation of the Two-Pillar Solution）

2024 年 6 月 17 日，BEPS 包容性框架发布了关于实施"双支柱"解决方案的补充要点。关于支柱一金额 B，补充要点如下。

（1）金额 B 指南第 5.2 和 5.3 节关于合格管辖区的定义。这些定义的补充将有助于合格辖区的受测试方按照简化方法和精简流程进行计算和申报。

（2）关于金额 B 政治承诺范围内的涵盖辖区的定义。在不违反国内立法和行政惯例的情况下，如果相关司法管辖区之间存在双边税收协定，包容性框架成员承诺尊重在适用涵盖辖区的简化方法和精简流程确定的范围内的交易结果，也尊重可以减轻由简化方法和精简流程引起的双重征税问题的合理步骤。

关于支柱二，包容性框架发布了进一步的指导，澄清和简化了全球最低税的适用，并概述了用于确认实施 GloBE 规则的辖区合格地位的简化流程。

（1）行政指南。该行政指南规定了简化程序，允许跨国企业集团汇总各类递延所得税负债，以确定其是否已在五年内转回，从而无需重新计算进行追溯调整；明确了确认 GloBE 规则下递延所得税资产和负债的方法，并为跨境的当期和递延税项的分配以及某些流转税结构的利润和税款提供了进一步指导；具体指导了如何根据辖区的国内最低补足税处理证券化工具，这将防止这些工具在 GloBE 规则下产生不稳定的结果。

（2）CbCR 安全港指南。2022 年 12 月，包容性框架就 GloBE 规则进行了重大简化，采用了基于国别报告财务信息的过渡性 CbCR 安全港；2023

年 12 月，包容性框架发布了进一步指导，涉及在 GloBE 规则下使用过渡性 CbCR 安全港的处理方式，要求付款方和收款方所在辖区对待集团内的支付要一致；包容性框架于 5 月 27 日发布了额外的指南，确保集团内支付的一致对待，避免在全球最低补足税下需要进一步调整的情况。

（3）合格地位。为了防止一个辖区在已经根据另一个辖区的"合格"规则对跨国企业的低税利润征收了补足税后，又对其征收补足税，GloBE 规则包括了一项同意规则顺序。包容性框架已经就认可哪些辖区具有合格规则达成了简化的流程。包容性框架秘书处在 OECD 网站上发布了一份问答文件，概述了这一过渡性资格机制的主要特点，该机制将为辖区提供其规则被其他辖区认可为合格的确定性，同时也为跨国企业辖区规则与同意规则顺序相符合的确定性。

新加坡税务局就失踪交易者欺诈安排的审计及调查提供指引（IRAS Provides Guidance on Audits and Investigations on Missing Trader Fraud Arrangements）

2024 年 5 月 2 日，新加坡国内税务局（the Inland Revenue Authority of Singapore，IRAS）发布关于失踪交易者欺诈安排的审计和调查的新指南。主要内容如下。

1. 失踪交易者欺诈的审计和调查

IRAS 将失踪交易者欺诈识别为关键税务合规风险领域之一，并对涉及此类欺诈安排的企业和个人进行广泛的审计和调查。这些案件是通过先进的数据分析检测到的，其他线索来源还包括举报。

2. 什么是失踪交易者欺诈

失踪交易者欺诈是一种针对商品与服务税（Goods and Services Tax，GST）系统的欺诈计划。它通常涉及由个人和企业网络策划的虚构交易，旨在非法索取 GST 退税或逃避税务义务。

3. 失踪交易者欺诈的负面影响

对企业和新加坡有重大负面影响，包括财政影响、市场扭曲，以及可能损害新加坡的声誉和公众信任。

4. 参与失踪交易者欺诈的后果

如果被 IRAS 发现，参与者将面临详细审计和调查，可能被暂停 GST 退税，被拒绝进行进项税额申报，支付罚款和附加费，GST 注册申请可能被拒绝或取消，以及可能面临刑事处罚。

5. 知情原则

从 2021 年 1 月 1 日起，如果你知道或应该知道购买行为是失踪交易者欺诈安排的一部分，你将无权获得任何进项税额。即使满足所有其他条件，进项税额索赔也将被拒绝。

6. 如何避免参与失踪交易者欺诈安排

IRAS 建议企业采取三大支柱来帮助应用知情原则，避免卷入失踪交易者欺诈安排。

支柱一：警惕过于有利可图的交易：评估与交易相关的风险指标。

支柱二：了解你的客户/供应商：对新的业务安排进行尽职调查。

支柱三：采取积极措施：对支柱一和支柱二中评估的风险和尽职调查结果作出回应。

7. 举报不当行为

如果有人邀请你参与可疑活动，或你知道或怀疑任何不当行为，建议对其进行举报。如果提供的信息或文件帮助追回原本会丢失的税款，将给予所追讨税款的 15% 的奖励，最高 10 万新元。

新加坡就支柱二全球最低税立法和 2024 年预算措施征询意见（Singapore Consulting on Legislation for Pillar Two Global Minimum Tax and 2024 Budget Measures）

2024 年 6 月 10 日，新加坡就引入支柱二全球最低税收和实施2024 年财政预算中宣布的税务措施的立法草案征询公众意见。

1. 跨国企业（Multinational Enterprise，MNE）最低税法案草案意见征询

2025 年 1 月 1 日或之后开始的财务年度，对在前四个财年中的至少两个财年年收入至少 7.5 亿欧元的跨国企业集团，实施最低税，要点如下：

（1）对在新加坡经营的跨国企业集团成员实体的低税利润部分，适用国内税收补足（Domestic Tax Top-up，DTT），确保有效税率至少为 15%。

（2）对跨国企业集团在新加坡的母公司适用收入纳入规则（Inclusion Income Rule，IIR），即跨国企业补足税（Multinational Enterprise Top-up Tax，MTT），确保在新加坡以外运营的集团实体的有效税率至少为 15%。

拟议法案将与 1947 年所得税法（Income Tax Act，ITA）整合，ITA 中的某些规定也将适用于 DTT 和 MTT。

2. 2024 年财政预算措施意见征询

（1）公司所得税（Corporate Income Tax，CIT）退税：为 2024 年评估年度提供 50% 的 CIT 退税，符合条件的公司可获得至少 2000 美元的现金补助，最高 40000 美元。

（2）可退还投资抵免（Refundable Investment Credit，RIC）：支持合格活动的合格支出的 50% 用于抵免应付的 CIT，未使用的抵免可在四年内以现金退还。

（3）个人所得税（Personal Income Tax，PIT）退税：为所有税务居民个人提供 50% 的 PIT 退税，每人最高 200 美元。

（4）被抚养人年度收入门槛：合格被抚养人或抚养人的年度收入门槛提高至 8000 美元，自 2025 年评估年度起生效。

（5）海外人道主义援助税收扣除计划（Overseas Humanitarian Assistance Tax Deduction Scheme，OHAS）：为通过指定慈善机构的合格海外现金捐赠提供 100% 的税收扣除，扣除上限为捐赠者法定收入的 40%。

（6）其他修正案：扩大合格证券借贷或回购安排的范围；免除个人独

资企业和合伙企业提供预估应课税收入的要求。

上述意见征询截止日期为 2024 年 7 月 5 日，旨在通过引入全球最低税和实施 2024 年财政预算中的税收措施，提高税收透明度，支持新加坡的经济发展。

爱尔兰税务局发布支柱二全球最低税实施指南（Irish Revenue Publishes Guidance on Implementation of the Pillar Two Global Minimum Tax）

2024 年 5 月 15 日，爱尔兰税务局发布了第 136/24 号电子简报，介绍了根据 2022 年 12 月 15 日理事会指令（EU）2022/2523 实施支柱二全球最低税的新指南。2023 年财政法（第 2 号）第 94 条通过在 1997 年《税收合并法》（TCA）中插入新的 4A 部分，将欧盟最低税指令（EU 2022/2523）纳入爱尔兰法律，从而实施大型集团支柱二全球最低税。

为了方便有关纳税人参考，《税收与关税手册》第 4a - 01 - 02 部分概述了支柱二主要征税规则，并提供了详细的引用表，以便将 1997 年 TCA 第 4A 部分的法规与以下内容相互参照：欧盟最低税收指令的相关条款、OECD 范本规则的相关条款、OECD 相关注释，以及相关的 OECD 行政指南。

爱尔兰税务局仍在与税收征管委员会（TALC）BEPS 小组委员会就支柱二规则指南进一步商议。

英国发布关于登记支柱二补足税的通知（UK HMRC Issues Notice on Registration for Pillar Two Top-up Taxes）

2024 年 5 月 20 日，英国税务与海关总署（HMRC）发布了关于如何在英国登记支柱二补足税的通知。英国将实施两种支柱二补足税：国内补足税和跨国补足税。

符合以下要求的集团必须使用在线服务在英国登记申报支柱二补足税。

（1）会计期间要求：会计期间开始于 2023 年 12 月 31 日及之后的集团必须在第一个会计期间结束后 6 个月内在英国税务与海关总署登记。

（2）实体位置要求：在英国和其他辖区均有实体的集团必须登记，以同时申报国内补足税和跨国补足税。仅在英国拥有实体的集团必须登记以申报国内补足税。

（3）收入要求：在过去4个会计期间中，有2个会计期间的集团合并年收入达到或超过7.5亿欧元。

只有集团的申报成员才能使用在线服务。默认最终控股母公司实体（UPE）负责申报，但UPE可指定另一集团实体作为申报成员。申报成员不必是英国居民，对于非英国居民的申报成员，英国税务与海关总署将无法自动交换任何全球信息申报表（GIR）。

登记支柱二补足税需要提供下列信息：

（1）UPE的名称和注册地址；

（2）申报成员的名称和注册地址（若不是UPE）；

（3）如果上述任何一方是英国有限公司或有限责任合伙企业，还须提供公司注册号（CRN）和唯一纳税人编号（UTR）；

（4）所注册的集团是否拥有位于其他司法管辖区的实体；

（5）集团会计期间的开始及结束日期；

（6）集团中1~2名个人或团队的联系方式

（7）集团的联系地址

如果集团的申报成员在登记后发生变更，新的申报成员必须在更新后的6个月内使用在线服务更新集团申报成员的详细信息。

摩尔多瓦加入BEPS包容性框架（Moldova Joins BEPS Inclusive Framework）

2024年5月28日，经济合作与发展组织（OECD）宣布摩尔多瓦加入BEPS包容性框架，成员总数达到147个。作为包容性框架成员，摩尔多瓦致力于实施BEPS最低标准以及"双支柱"解决方案，应对经济数字化带来的税收挑战。摩尔多瓦将与包容性框架所有成员平等合作，参与实施BEPS一揽子计划，打击避税行为，提高国际税收规则的一致性，确保更加透明的税收环境。

德国就全球最低报税表草案进行咨询（Germany Consulting on Draft Global Minimum Tax Return）

2024 年 5 月 28 日，德国财政部公布了适用支柱二全球最低税规则的公司最低纳税申报表草案，以征求意见。德国依据欧盟理事会指令（EU）2022/2523，通过 2024 年 12 月 21 日法律实施全球最低税。咨询文件包括咨询函、供参考的 PDF 格式申报表、实际表格的 Excel 文件以及以电子方式提交申报表的指南草案。最低税申报必须根据官方规定的数据集通过官方接口以电子方式传输，在传输前需要通过 www. elster. de 网站注册获得授权传输证书，注册可能需要两周时间。征求意见的截止日期为 2024 年 6 月 14 日。

比利时发布支柱二通知表提交截止期（Belgium publishes Royal Decree Pillar Two Notification Form，Starting Countdown to First Pillar Two Compliance Submission，due 13 July 2024）

2024 年 5 月 29 日，比利时官方公报公布了 2024 年 5 月 15 日皇家法令，受支柱二约束的跨国企业（MNE）和大型国内集团（即拥有比利时最终控股母公司实体或一个或多个比利时组成实体）即将在比利时提交支柱二通知表。填报需要获得支柱二税务识别号（P2 TIN），可从比利时官方公报获取法语和荷兰语版本链接。

皇家法令于 2023 年 12 月 31 日生效，适用于 2023 年 12 月 31 日及之后开始的报告期。受影响的跨国公司应在以下日期之一（以最迟者为准）前向比利时税务局（BTA）提交支柱二通知表。

（1）多国企业集团或大型国内集团进入支柱二范围的财务报告年度开始后 30 天内；

（2）2024 年 5 月 15 日皇家法令在比利时官方公报上公布后 45 天内，即 2024 年 7 月 13 日（星期六）。

受影响的集团必须在家乐福企业银行（Banque-Carrefour des Entreprises，

BCE）注册，通过 MyMinfin（My professional tools ＞ Pillar 2 - Mes outils professionnels ＞ Pilier 2）提交通知 2。即使范围内纳税人可能受益于比利时的过渡性安全港规则，仍应提交支柱二通知表。选择预缴支柱二税款的纳税人将优先获得 P2 TIN 分配，纳税人因未获得 P2 TIN 而无法及时提交 QDMTT 报税表不会减轻可能的处罚。

比利时税务局还公布了与支柱二相关问题的具体联系方式。对于任何与内容相关的问题，纳税人可向 goge. beheer. gestion3 @ minfin. fed. be 提交查询，而任何与技术（IT）相关的问题可向 spoc. pillar2 @ minfin. fed. be 提交查询。

立陶宛通过关于提交支柱二全球最低税信息声明的命令（Lithuania Adopts Order on Notification Requirements for Pillar Two Global Minimum Tax）

2024 年 6 月 21 日，立陶宛官方公报发布了第 2024 – 11391 号命令，规定了根据 2022 年 12 月 14 日欧盟 2022/2523 号指令实施支柱二全球最低税所需信息的程序。此前，立陶宛已选择推迟适用收入纳入规则（IIR）和低税支付规则（UTPR），仅适用指令所要求的过渡条款，包括确定集团成员所在地、报告要求等规定。

第 2024 – 11391 号命令规定必须通过国家税务监察局（STI）门户网站以电子方式提交支柱二所需信息，其中包括指定申报实体、确认向指定申报实体传输数据以及集团国际活动初始阶段的声明。上述规定于 2024 年 7 月 1 日生效，适用于 2023 年 12 月 31 日或之后开始的财年。

挪威就实施支柱二 UTPR 进行咨询（Norway Consulting on Implementation of Pillar Two UTPR）

挪威财政部就《补充税法》（Supplementary Tax Act）修正案进行了公开咨询。此前该法根据适用于 2023 年 12 月 31 日后开始的财政年度（2024 财年）的支柱二 GloBE 规则，引入了收入纳入规则（IIR）和国内最低补足税，修正案则在此基础上引入了低税支付规则（UTPR）。如获批准，UTPR

规则将从 2025 财年开始实施。

2024 年 8～9 月

OECD 发布秘书长向二十国集团提交的税务报告（OECD Releases Secretary-General Tax Report to G20）

2024 年 7 月 25 日，OECD 发布秘书长向二十国集团提交的税务报告。报告介绍了 2024 年 2 月以来国际税制改革的重要进展，包括应对经济数字化带来的税收挑战的"双支柱"解决方案以及 BEPS 最低标准的实施情况。报告还涵盖了在税收透明度、税收征管、税收与不平等、税收政策发展等方面取得的进展。

支柱二方面，约有 40 个辖区已经实施或计划实施全球最低税，从 2024 年 1 月或 2025 年 1 月起生效；此外，应税规则（Subject-to-Tax Rule，STTR）也取得了重要进展。2024 年 9 月 19 日将在巴黎举行促进实施应税规则多边公约的首次高级别签署仪式。支柱一方面，包容性框架成员已就实施金额 A 的多边公约近乎完全达成共识，并正在努力解决金额 B 框架的差距。作为"双支柱"解决方案的基础，BEPS 产生了广泛影响。最新的国别报告数据显示，与 2018 年相比，在投资中心积累的利润大幅减少。另外，受 BEPS 影响，企业所得税税率逐底竞争近年趋于稳定。

税收透明度方面，相关数据显示，自 2009 年以来，通过信息交换（包括自愿披露计划、离岸税务调查等）已确认了超过 1300 亿欧元的额外收入。其中发展中国家确认了约 450 亿欧元。目前已有 126 个辖区承诺在某个具体日期之前实施 AEOI 标准，其中 108 个辖区已开始自动交换信息。税收征管方面，在税收管理和执法不力的情况下，纳税人可以隐瞒其收入和财富，经合组织为此开发了税收债务管理网络（Tax Debt Management Network，TDMN）。该网络汇集了 50 多个税务管理部门税收追缴团队的官员，就国内和国际追缴问题分享最佳做法。税收与不平等方面，最新的研究表明高收入阶层的实际税率较低，而旨在吸引高收入人士的优惠税制却在增加。轮值主席国巴西委托经合组织所写的报告研究了税收与不平等之间的相互作用，重点关注提高税制的累进性以及对高净值个人征税这两点。

哈萨克斯坦就签署多边支柱二应税规则文书进行磋商（Kazakhstan Consults on Signing Multilateral Instrument for Pillar Two Subject to Tax Rule）

2024 年 7 月 4 日，哈萨克斯坦政府就签署《促进支柱二应税规则实施的多边公约草案》（the Multilateral Convention to Facilitate the Implementation of the Pillar Two Subject to Tax Rule，STTR MLI）公开征询意见。STTR MLI 旨在帮助发展中国家保护税基，实施现有双边税收协定中的应税规则（STTR），无需双边谈判。

STTR MLI 允许来源国在特定情况下对低于 9% 最低税率的集团内部有效所得（covered income）进行补税。例如，如果付款方所在的税务管辖区根据税收协定可以对有效所得征收 5% 的预提税，而接受方的名义税率为 1%，则付款方所在的税务管辖区可以根据 STTR 额外征收 3% 的补足税。STTR 优先于 GloBE 规则，并且 STTR 下缴纳的税款可以作为有效税额在 GloBE 规则下抵免。

澳大利亚议会宣布全球最低税立法（Australian Pillar Two Global Minimum Tax Legislation Introduced in Parliament）

2024 年 7 月 4 日，澳大利亚财政部长吉姆·查尔默斯宣布议会引入以下三项法案，以实施支柱二全球最低税政策。

（1）征收法案：《2024 年跨国公司全球和国内最低税征收法案》规定了澳大利亚国内最低税（Domestic Minimum Tax，DMT）、收入纳入规则（Income Inclusion Rule，IIR）税和低税利润规则（Undertaxed Profits Rule，UTPR）。

（2）评估法案：《2024 年跨国公司全球和国内最低税评估法案》，确立了与 GloBE 规则一致的补足税征收框架。

（3）后续法案：《2024 年财政法律修正案（跨国公司全球和国内最低税）（后续）》，包含管理补足税的必要后续和杂项规定。

这些法案将从 2024 年 1 月 1 日起对年全球收入在 7.5 亿欧元（约 12 亿澳元）以上的跨国企业集团实施 15% 的全球最低税率和国内最低税率。

这些立法，旨在提高税收透明度和完整性，确保跨国公司在澳大利亚支付更公平的税款，以支持医疗保健、教育和国防等关键领域。这些措施与全球许多国家保持一致，共同打击跨国公司避税行为。

土耳其颁布包括支柱二全球最低税在内的税收改革法律（Turkey Enacts Tax Reform Legislation Including Pillar Two Global Minimum Tax）

2024 年 8 月 2 日，土耳其税务局发布第 7524 号税收改革法律，主要内容如下：

（1）根据 BEPS 包容性框架批准的全球反税基侵蚀规则实施支柱二全球最低税，这涉及对在之前四个连续会计年度中至少两个年度内，集团年收入超过等值于 7.5 亿欧元的土耳其里拉的跨国企业集团，实施国内最低补充税、收入纳入规则和低税利润规则。国内最低补足税和收入纳入规则自 2024 年 1 月 1 日或之后开始的会计期间适用，低税利润规则自 2025 年 1 月 1 日或之后开始的会计期间适用。该法律还包括过渡性国别报告安全港和过渡性低税利润规则安全港。

（2）引入国内最低公司税（不同于全球最低税），即除公司在运营的前三年外，计算的公司税不能低于在考虑扣除和免税项目前公司收入的 10%。

（3）将在建设 - 运营 - 转让模式和 PPP 项目中获得的利润的公司税率从 25% 提高到 30%。

（4）对投资于房地产的投资基金和合伙企业的现行所得税免税规定新增一项条件，即提交取得所得的会计期间的公司税纳税申报表后的第二个月底之前须将来自房地产的所得至少 50% 用于利润分配（股息分配）。

（5）调整在自由贸易区经营的企业免税规定，即免税仅限于出口收入，不再适用于国内销售收入。

（6）新增规定，如果增值税应扣除金额结转超过 5 年未被扣除，可以将这些结转金额从增值税扣除账户中移除，并在确定企业所得税时将其作为费用。

比利时延长支柱二初始通知要求，适用于 2024 年未预缴国内补足税或根据收入纳入规则应纳税款的集团（Belgium Extends Initial Pillar Two Notification Requirements for Groups Not Carrying Out Advance Payments in 2024 for the Domestic Top-Up Tax or the IIR）

2024 年 7 月 2 日，比利时联邦财政部（SPF）发布公告，将 2024 年不预缴国内补足税或根据收入纳入规则（IIR）应纳税款的集团提交支柱二全球最低税登记声明的截止日期延长至 2024 年 9 月 16 日。

2024 年 5 月 15 日的皇家法令规定，在比利时适用支柱二全球最低税规则的大型跨国企业集团和国内集团只要满足以下两个条件，就有义务提交声明：

（1）集团在过去四年中至少两年的合并收入超过 7.5 亿欧元；

（2）集团的一个成员实体在比利时建立。

上述集团必须在 Crossroad Bank for Enterprises（Banque-Carrefour des Entreprises-BCE）注册，并通过 MyMinfin 提交声明。在不延长截止日期的情况下，集团必须在 2024 年 7 月 13 日之前提交声明。

意大利宣布实施合格国内最低补足税（Italy Publishes Implementing Decree for Qualified Domestic Minimum Top-up Tax）

2024 年 7 月 3 日，意大利财政部宣布发布 2024 年 7 月 1 日法令，其中包含实施合格国内最低补足税（QDMTT）的规定。QDMTT 是 2023 年 12 月 27 日第 209 号法令的一部分，该法令根据 2022 年 12 月 14 日第 2022/2523 号欧盟理事会指令实施了支柱二全球最低税。QDMTT 的适用优先于同样由第 209 号法令实施的支柱二收入纳入规则（IIR）和低税支付规则（UTPR）。

葡萄牙就实施支柱二全球最低税法案草案启动公众咨询（Portugal Consulting on Draft Bill to Implement Pillar Two Global Minimum Tax）

2024 年 7 月 10 日，葡萄牙财政部根据 2022 年 12 月 14 日欧盟理事会指令 2022/2523，就实施支柱二全球最低税法案草案启动了公众咨询。征求意见的截止日期为 2024 年 7 月 31 日。草案引入了支柱二收入纳入规则（IIR）和低税支付规则（UTPR），使最近四个财政年度中至少有两个年度合并收入超过 7.5 亿欧元的跨国企业集团的最低税率为 15%。草案同时引入合格国内最低补足税（QDMTT）。

如获批准，IIR 和 QDMTT 将适用于 2024 年 1 月 1 日开始的财年，而 UTPR 将适用于 2025 年 1 月 1 日及此后的财年。然而，如果最终母公司所在的欧盟成员国根据指令第 50 条规定推迟适用 IIR 和 UTPR，则对该集团成员实体，UTPR 将适用于 2024 年 1 月 1 日及此后的财年。

比利时发布关于支柱二全球最低税预缴税款的法令（Belgium Publishes Royal Decree on Advance Payments for the New Pillar Two Global Minimum Tax）

2024 年 7 月 16 日，比利时官方公报上公布了 2024 年 7 月 7 日的皇家法令，规定了公司根据比利时支柱二全球最低税规则预缴税款，只能通过付款或转账的方式向"征收中心－预付款服务"的财务账户支付税款。该法令于 2024 年 9 月 1 日生效。

芬兰就支柱二立法展开公众咨询（Finland Government Launches Public Consultation on Pillar Two Legislation）

2024 年 8 月 12 日，芬兰政府就支柱二立法展开公众咨询。在不改变核心原则的基础上，芬兰财政部旨在简化企业税务计算。

公众咨询提案符合欧盟关于收入纳入规则和低税支付规则的指令，相关方应在 2024 年 9 月 6 日之前提供意见。该税法将于 2024 年底生效，并适用于 2024 年 1 月 1 日及之后开始的财政年度。

瑞典修订支柱二规则（Sweden Ministry of Finance Proposes Changes to Pillar Two Rules）

2024年8月15日，瑞典财政部提议对支柱二现行国内规定进行修订。

自2024年1月1日起，瑞典法律开始实施《最低税指令》（2022/2523），确保大型跨国集团和国内集团缴纳全球最低税，集团收入大于等于7.5亿欧元时的实际税率为15%。

本次修订案旨在实施补充条款，与经合组织、二十国集团税基侵蚀和利润转移包容性框架（简称"包容性框架"）于2023年2月1日、2023年7月13日、2023年12月15日和2024年5月24日通过的征管指南相一致。其中包括根据临时简化规则处理人为安排的规定、补充规则的延迟适用和货币因素。此外，修订案还建议对《外国税款扣除法》进行修订，允许在受控外国公司和国外常设机构正常纳税的情况下抵免外国国民的额外税款。

上述修订将于2025年1月1日生效。建议报告实体可选择在2023年12月31日之后开始的纳税年度适用相关规定。

苏里南准备引入OECD支柱二方案（Suriname Government Prepares for OECD Pillar Two Introduction）

2024年7月17日，苏里南税务机关已开始与相关利益相关者讨论引入OECD支柱二对大型跨国企业利润征收全球最低税的议题。

此次讨论为国民大会、大型本地公司、在苏里南设有分支机构的跨国企业以及税务顾问提供了一次交流看法的机会。苏里南财政和规划部长强调了税收立法的重要性，以及制定政策以确保有效征收跨国企业在苏里南的税收的必要性，而OECD支柱二的实施将帮助苏里南政府打击跨国企业避税。

百慕大提交《2024年所得税机构法案》（Bermuda Tables Corporate Income Tax Agency Act 2024）

2024年7月12日，百慕大总理兼财政部部长向众议院提交了《2024年所得税机构法案》，该法案旨在设立企业所得税管理机构（corporate income tax agency, CITA), 以保证百慕大企业所得税制度的有效运行。

百慕大《2023 年企业所得税法》于 2023 年 12 月颁布, 规定将于 2025 年 1 月 1 日起对支柱二规则范围内的跨国集团的本地经营活动征收 15% 的企业所得税 (全球最低税)。

2024 年 10 月

OECD 发布支柱一金额 B《主管当局协议范本》（OECD Publishes Model Competent Authority Agreement for Amount B of Pillar One）

2024 年 9 月 25 日, OECD 发布了《主管当局协议范本》 （Model Competent Authority Agreement, MCAA）, 旨在促进实施文柱一金额 B 政治承诺的履行。根据该承诺, 如果涉及的辖区采用这种方法, 在符合其国内法规及行政规章的前提下, 包容性框架成员将尊重根据简化方法对适用辖区内交易确定的结果, 利用可能存在的国与国之间的双重税收协定减轻因适用简化方法而可能产生的潜在双重征税。各辖区可选择是否签订主管当局协议, 没有此类协议并不妨碍政治承诺的履行, 各辖区可根据其法律法规和行政规章通过其他方式履行政治承诺。

巴林引入支柱二国内最低补足税 （Bahrain Introduces Pillar Two Domestic Minimum Top-up Tax）

2024 年 9 月 1 日, 巴林国家税务局宣布为跨国企业引入一项符合经合组织标准的新税新税以国内最低补足税的形式征收, 税率为 15%, 仅适用于在巴林经营的大型跨国企业集团, 且其合并收入在前四个财政年度中至少有两年达到或超过 7.5 亿欧元。有关征收该税的法案于 2025 年 1 月 1 日起生效。

葡萄牙批准实施支柱二全球最低税 （Portugal's Council of Ministers Approves Draft Law to Lmplement Pillar Two Global Minimum Tax）

2024 年 9 月 11 日, 葡萄牙部长理事会批准了第 21/xⅥ/1 号法律草案,根据 2022 年 12 月 14 日欧盟理事会第 2022/2523 号指令实施支柱二全球最低税。该草案引入了支柱二收入包含规则（IR）、低税支付规则（UTPR）和合格的国内最低补足税（QDMTT），以确保在最近四个财政年度中至少有两个年度综合收入达到 7.5 亿欧元的跨国企业集团的最低税率为 15%。

经议会批准并在官方公报上公布后，IIR 和 QDMTT 将适用于 2024 年 1 月 1 日开始的财政年度，而 UTPR 适用于 2025 年 1 月 1 日或之后开始的财政年度。然而，对于最终控股母公司位于欧盟成员国的集团组成实体而言，如果该欧盟成员国行使了第 2022/2523 号指令第五十条所允许的推迟适用 IR 和 UTPR 的选择权，则 UTPR 将适用于 2024 年 1 月 1 日或之后开始的财年。

波多黎各启动关于实施支柱二 GloBE 规则的公众咨询（Puerto Rico Launches Public Consultation on Implementation of Pillar Two GloBE Rules）

2024 年 9 月 23 日，波多黎各财政部启动关于实施支柱二 GloBE 规则的公众咨询。根据咨询文件，财政部目前专注于入境投资，暂未考虑实施收入纳入规则（Income Inclusion Rule）或低税支付规则（Undertaxed Profits Rule，UTPR）。该政策影响如下。

（1）在波多黎各总部的跨国企业集团无需适用 R，因此可能需要其他管辖区对位于低税区的成员实体实施 IR 或 UTPR；

（2）在波多黎各的外国总部跨国企业集团的母公司将不需要适用 R；

（3）波多黎各不会根据 UTPR 征收任何税收。

咨询文件的主要内容有：引入合格的国内最低补足税（QDMTT）及相关制度设计；可能实施 QDMTT 以外的规则，包括国内最低补足税（Domestic Minimum Top-up Tax，DMTT）或其他形式的国内最低税（Domestic Minimum Tax，DMT）；税收激励和补贴的影响。公共咨询的截止日期是 2024 年 10 月 10 日。

2024 年 11 月

经合组织秘书长向 G20 财长和央行行长提交税收报告（OECD Secretary-General Presents Tax Report to G20 Finance Ministers and Central Bank Governors）

2024 年 10 月 24 日，经合组织向 G20 财长和央行行长提交了税收报告。该报告是为 2024 年 10 月 23 日至 24 日在巴西担任 G20 主席国期间于美国华盛顿特区举行的 G20 财长和央行行长第四次会议所准备。报告阐述了自 2024 年 7 月以来国际税收改革的最新进展，包括应对数字经济税收挑战的 "双支柱" 解决方案、实施 BEPS 最低标准和税收透明度方面的进展，以及税收政策、税收与不平等、税收管理方面的最新情况。

欧盟通过 DAC9 加强税务行政合作以帮助企业履行支柱二申报义务（EU Adopts DAC9 Enhancing Tax Administrative Cooperation to Help Companies Meet Their Pillar Two Reporting Obligations）

2024 年 10 月 28 日，欧盟委员会通过新提案 DAC9，以帮助企业履行《支柱二指令》下的申报义务。欧盟对税收领域行政合作指令（2011/16/EU-DAC）进行修订，以促进欧盟各国税务机关之间的合作。DAC9 与 2022 年的《支柱二指令》密切相关，该指令旨在确保跨国企业集团和大型国内集团达到全球最低税收水平。在 DAC9 下，跨国企业只需在中央层面为整个集团提交一份补充税收信息申报表，便可简化申报程序并减轻行政负担。该提案为税务机关建立了信息交换系统，并引入了符合经合组织和 G20 框架的标准表格。

二十国集团（G20）会议重申对 BEPS 2.0 和国际税务合作的支持（G20 Meeting Reaffirms Support for BEPS 2.0 and International Tax Cooperation）

2024 年 10 月 23 日至 24 日，二十国集团（G20）财长和央行行长在华盛顿特区举行会议。会议发布了一份公报，重申了 G20 对经济合作与发展组织（OECD）/二十国集团（G20）关于税基侵蚀和利润转移（BEPS）2.0 包容性框架迅速实施的承诺。公报还强调了累进税制并支持联合国的税务讨论。OECD 秘书长的税务报告提供了关于 BEPS 2.0 支柱一和支柱二、全球最低税实施以及税务透明度努力的最新情况。

新加坡就跨国企业（最低税）法规征求公众意见（Singapore Seeks Public Feedback on Multinational Enterprise（Minimum Tax）Regulations）

2024 年 10 月 4 日，新加坡国内税务局（IRAS）发布了一份关于跨国企业（最低税）法规中全球反税基侵蚀（GloBE）安全港和过渡规则的公众咨询文件。此次咨询是新加坡根据税基侵蚀和利润转移（BEPS）2.0 倡议第二支柱实施跨国补足税（MTT）和国内补足税（DTT）的一部分，这些税收将适用于从 2025 年 1 月 1 日或之后开始的财政年度的相关跨国企业集团。拟议的附属法规详细说明了补足税的计算方法，包括 GloBE 安全港（如过渡性国别报告、合格国内最低补足税和简化计算安全港）以及过渡规则下的调整。公众可在 2024 年 10 月 18 日之前提交反馈意见。

葡萄牙批准支柱二全球最低税的立法提案（Portugal Approves Legislative Proposals for a Global Minimum Tax Under Pillar Two）

2024 年 10 月 18 日，葡萄牙政府关于将跨国公司纳入最低 15% 税率的共同体指令的提案在议会获得批准。该提案遭到一些政党的反对，而其他政党则投票赞成或弃权。这项拟议的法律旨在建立一种机制并将其转化为国家立法，以保证欧盟跨国公司和大型国内集团的全球最低税收水平——这是支柱二的一项指令。年营业额总计达到 7.5 亿欧元的大型跨国公司和国内集团，其利润将按不低于 15% 的最低有效税率征税。

据财政国务秘书称，首次申报和纳税的义务是在 2026 年，对应所属年度为 2024 年。

意大利发布全球最低税降低税基的法令（Italy Issues Decree on Tax Base Reduction for Global Minimum Tax）

2024 年 10 月 11 日，意大利经济财政部副部长颁布了一项法令。该法令涉及全球最低税的税基降低，并将在官方公报上发布。该法令参考了经合组织规则评注以及 2023 年 7 月 13 日由 BEPS 包容性框架批准的《经济数字化带来的税收挑战——全球反税基侵蚀立法模板（支柱二）行政指南》中关于在一个国家内开展实质性经济活动时可免除对收入征收补充税的说明，同时还提及了 2023 年 12 月 27 日的第 209 号立法法令。

德国发布支柱二下最低税集团母公司通知表（Germany Publishes Pillar Two Parent Notification Form）

2024 年 10 月 17 日，德国财政部发布了一份官方模板，适用于支柱二规则下德国最低税集团母公司必须提交的通知表（notification form）。德国通过 2024 年 12 月 21 日关于欧盟理事会指令（EU）2022/2523 的法律实施全球最低税。跨国企业集团中通过国内最低补足税、收入纳入规则或低税支付规则负有最低税义务的德国成员实体，必须成立最低税集团。对于最低税集团的母公司有特定要求，必须在报税期结束后 2 个月内提交通知表。2024 年 1 月 1 日开始的财政年度，截止日期为 2025 年 2 月 28 日。申报将于 2025 年 1 月 2 日开始，通过 BZSt 在线门户网站发布。

卢森堡根据经合组织指南修订支柱二立法草案（Luxembourg amends Pillar Two Law with June 2024 OECD guidance）

2024 年 10 月 31 日，卢森堡政府提交了《支柱二法》的草案修正案。修正案旨在纳入 2024 年 6 月的经合组织指南，并计划于 2023 年 12 月 31 日起的财政年度生效。

巴西引入对净收入征税的附加社保税作为支柱二的补足税（Brazil Introduces Additional Social Contribution on Net Income as Top-up Tax for Pillar Two）

2024 年 10 月 3 日，巴西联邦税务局发布了第 1262 号《暂行措施》和第 2228 号《规范性指令》，旨在符合支柱二全球最低税规则的合格国内最低补足税（QDMTT）的要求。

《暂行措施》设立了对净收入征税的附加社保税，旨在建立 15% 的最低有效税率，并对跨国公司的税收作出了各种规定。

《规范性指令》规定，对于年收入达到 7.5 亿欧元的跨国集团，必须缴纳至少 15% 的最低有效税。该指令旨在防止税基侵蚀和利润转移，符合国际税务合作趋势。巴西税务局将每年发布雷亚尔计价的税收限额，确保法规透明可预测。

《暂行措施》和《规范性指令》均于 2024 年 10 月 3 日生效。但是，《暂行措施》仍必须得到国民议会的批准才能继续有效，并且可能会发生变化。

附录　阅读文献推荐

数字财政

[1] 崔惠玉，徐颖，杨简宁. 数字化背景下财政资金直达机制与预算绩效管理 [J]. 经济研究参考，2023 (3)：102 – 111.

[2] 崔军，刘冠宏，黎珍羽. 我国数字经济背景下财政税收发展研究：基于 CiteSpace 的文献计量分析 [J]. 经济问题，2023 (6)：9 – 17.

[3] 傅志华，梅辉杨. 数字经济发展对地方政府财政环保支出偏向的影响 [J]. 北京社会科学，2023 (5)：80 – 94.

[4] 韩振，韩凤芹. 数字经济、财政分权与经济高质量发展 [J]. 经济问题探索，2023 (6)：11 – 23.

[5] 李红霞，庄鹏，张亚璟. 大数据时代预算绩效现实羁绊与路径选择 [J]. 经济与管理研究，2023 (10)：3 – 13.

[6] 李文彬，吴梦梦. 技术 + 治理：预算和绩效管理一体化的融合路径 [J]. 学习论坛，2023 (6)：60 – 68.

[7] 李贞，许家欣. 数字经济与财政支出的优化路径 [J]. 地方财政研究，2023 (3)：24 – 33, 52.

[8] 马蔡琛，孙小雪. 数字经济背景下的预算绩效管理质量提升 [J]. 河北大学学报：哲学社会科学版，2023 (1)：102 – 111.

[9] 潘光曦. 数字经济高质量发展的财税激励机制 [J]. 理论与改革，2023 (2)：86 – 96.

[10] 阮福义，卢光熙，熊浩．数字经济与财政空间：基于"宽带中国"的准自然实验［J］．财会月刊，2023（20）：143-152.

[11] 上官泽明，李璐璐，白玮东．财政数字化转型与公共支出结构优化［J］．财政研究，2023（6）：96-112.

[12] 宋美喆，胡丕吉．数字基础设施对地方财政可持续的影响机制及效果研究［J］．首都经济贸易大学学报，2023（5）：20-35.

[13] 苏春红，李真．数字经济提升政府公共服务能力了吗［J］．现代经济探讨，2023（1）：1-14.

[14] 铁卫，廖丽春．数字经济与财政可持续性协同发展研究［J］．西安财经大学学报，2024（1）：105-118.

[15] 童楠楠，杨铭鑫，莫心瑶，朱娜，赵正．数据财政：新时期推动公共数据授权运营利益分配的模式框架［J］．电子政务，2023（1）：23-35.

[16] 王红梅．强化数字预算绩效管理助推新一轮财税体制改革［N］．中国财经报，2024-04-20.

[17] 王立平，王明杰．数字经济、财政分权度与税收努力［J］．西安财经大学学报，2023（2）：38-50.

[18] 王婷婷，杨明慧．数字财政的发展动因、主要挑战与优化路径［J］．财政研究，2023（5）：103-115.

[19] 王婷婷．数字财政的发展逻辑、国际经验及对我国的启示［J］．当代财经，2024（2）：29-41.

[20] 王志刚，金徵辅，龚六堂．数据要素市场建设中的财税政策理论初探［J］．数量经济技术经济研究，2023（11）：5-27.

[21] 魏彧，梁蓝心，罗志鹏．数字化治理与政府预算偏离：基于智慧城市试点政策的准自然实验［J］．财经论丛（浙江财经大学学报），2023（6）：25-35.

［22］向钰，赵静梅．基于数字经济的地方财政可持续性研究［J］．中国软科学，2023（3）：203－212．

［23］谢波峰，朱扬勇．数据财政：公共数据运营的现实需要和构建逻辑［J］．中国行政管理，2023（12）：26－35．

［24］杨先明，王志阁．人工智能、财政职能与中国经济发展质量［J］．宏观质量研究，2023（4）：49－66．

［25］张伟亮，宋丽颖．数字经济可以缓解财政压力吗？——来自中国城市的经验证据［J］．湖北大学学报：哲学社会科学版，2023（1）：162－171．

［26］张欣艳，谢璐华，肖建华．政府采购、数字经济发展与产业结构升级［J］．当代财经，2024（3）：43－55．

［27］赵静梅，张文洁，李庆．数字人民币在财政收支管理中的探索［N］．中国财经报，2023－08－12（5）．

［28］赵琪，梅辉扬．数字经济影响地方财政环保支出的内在机理及政策建议［J］．地方财政研究，2023（12）：93－100．

［29］钟洲，蔡跃洲．数字消费补贴与公平竞争政策［J］．广东社会科学，2024（1）：27－36．

［30］周波，孔欣悦，刘钟墨．数字经济对财政支出效率的影响与机制检验［J］．统计与决策，2024（4）：146－151．

数字税收

［1］艾金．智慧税务时代数据治理平台的转型构建［J］．时代经贸，2023（4）：61－63．

［2］白彦，刁文卓．论数字经济的税法调节［J］．税务研究，2023（1）：63－69．

［3］蔡昌，曹晓敏，王爱清．大数据技术驱动税收信用管理创新：逻

辑、架构与实现路径 [J]. 税务研究, 2023 (12): 57 - 65.

[4] 蔡昌, 曹晓敏, 王艺琳. ChatGPT 的税务应用: 优势、短板及前景展望 [J]. 税收经济研究, 2023 (6): 1 - 10.

[5] 蔡昌, 郭俊杉. 平台经济税收治理的博弈分析 [J]. 改革, 2023 (3): 62 - 75.

[6] 蔡昌, 李梦娟, 曹晓敏, 闫积静. 我国数字金融税制设计与治理对策 [J]. 财会月刊, 2023 (5): 117 - 126.

[7] 曹静韬, 项炀骁, 王东方. 国际税改背景下我国税收政策的完善建议 [J]. 税务研究, 2024 (5): 121 - 127.

[8] 曹阳. 数字经济下营业利润征税权分配规则改革: 中国问题及其应对 [J]. 上海财经大学学报: 哲学社会科学版, 2022 (5): 138 - 152.

[9] 曹阳. 数字经济下营业利润征税权分配规则改革的法理依据研究 [J]. 税务研究, 2024 (1): 70 - 75.

[10] 曹直, 吴非. 税收激励与企业数字化转型: 基于固定资产加速折旧政策的准自然实验 [J]. 广东财经大学学报, 2023 (2): 88 - 99.

[11] 曾祥炎, 冯晓玲. 数字经济是否会加剧我国税收税源背离? ——来自中国城市的经验证据 [J]. 财经理论与实践, 2023 (4): 82 - 88.

[12] 陈勃. OECD 支柱一方案的形成、前景展望及我国税收对策 [J]. 地方财政研究, 2023 (1): 103 - 112.

[13] 陈汉芳, 李春根. 大数据时代的诚信税收机制建设研究 [J]. 经济研究参考 (京), 2023 (8): 34 - 44.

[14] 陈和, 黄依婷, 杨永聪, 梁晓仪. 政府税收激励对企业数字化转型的影响: 来自固定资产加速折旧政策的经验证据 [J]. 产业经济评论, 2023 (2): 55 - 68.

[15] 陈虎. 适应性治理视域下全球数字税制变革的再审视 [J]. 税务研究, 2023 (10): 101 - 106.

［16］陈洁.欧盟成员国税收征管领域人工智能应用情况比较分析［J］.国际税收，2024（4）：49-54.

［17］陈晋军，张碧云，吴小强，吴伊菲.企业集团税收大数据的价值与智能化分析：基于征纳主体的双重视角［J］.税务研究，2023（11）：76-82.

［18］陈镜先.全球税收治理中联合国的作用：历史演进、现状分析与未来展望［J］.国际税收，2024（6）：61-71.

［19］陈鹏.元宇宙经济课征所得税的理论基础与实践进路［J］.重庆邮电大学学报：社会科学版，2023（3）：29-37.

［20］陈荣新.论产权结构性分置下数据课税模式转向［J］.税务研究，2024（6）：55-61.

［21］陈思霞，刘锋，卢盛锋.信息化强征管与自觉纳税遵从［J］.财经研究，2023（2）：34-48.

［22］陈彤.数字经济下我国税制改革研究：来自新加坡的启示［J］.上海立信会计金融学院学报，2023（2）：57-70.

［23］陈鑫，刘生旺.数字经济对地区间企业所得税分配格局的影响［J］.当代财经，2023（2）：28-42.

［24］陈怡欣，池赋炜，林奕皓.税收征管数字化与企业慈善捐赠：基于金税三期工程的准自然实验［J］.财经论丛（浙江财经大学学报），2023（11）：25-35.

［25］陈友伦.应对经济数字化税收挑战的解决方案探析［J］.国际税收，2023（8）：64-68.

［26］陈志勇，王希瑞，刘畅.数字经济下税收治理的演化趋势与模式再造［J］.税务研究，2022（7）：57-63.

［27］陈治，赵磊磊.“以数治税”背景下的税收征管：算法化趋向及其风险防范［J］.税务研究，2024（4）：69-76.

［28］褚睿刚．结构功能主义视阈下数据可税性的规范实现［J］．法学，2024（3）：174－192.

［29］褚睿刚．数据资源税：一种数据税立法模式的体系考察［J］．税务研究，2023（9）：66－72.

［30］崔琳，周方伟，李琛．数字经济是否会带来税收鸿沟？：基于省级面板数据的实证研究［J］．经济体制改革，2023（3）：174－183.

［31］崔永贵．税务系统智慧绩效建设的路径与方法［J］．湖南税务高等专科学校学报，2023（3）：20－24.

［32］崔竹．数值型财政规划的国际演变及对我国的启示［J］．财政科学，2024（1）：99－109.

［33］代志新，班若琳，陈明玮．数字经济背景下法国税收改革及对我国的启示——以数字服务税为例［J］．法国研究，2023（1）：16－28.

［34］邓峰，杨国歌，梁翠月．税收激励与数字产业创新效率［J］．商业研究，2023（2）：57－64.

［35］邓菊秋，杨加裕，杨春宇．大数据税收征管能够缓解企业税负粘性吗？：基于"金税三期工程"的政策效应分析［J］．贵州财经大学学报，2023（4）：63－71.

［36］邓齐月．完善网络货运平台税务监管的思考［J］．税务研究，2023（1）：123－128.

［37］邓汝宇，高阳．税收征管数字化转型升级的全球浪潮：2023年税收征管数字化高级别国际研讨会综述［J］．国际税收，2023（12）：29－34.

［38］丁超．俄罗斯税收数字化发展进程及面临的挑战［J］．欧亚经济，2023（6）：47－64.

［39］丁美瑶．正当程序理念下税收自动化决策的法治检视［J］．河南财政税务高等专科学校学报，2023（3）：71－75.

［40］丁晓钦，王艺宣．政治经济学视域下的国际数字税改及其对中国

的启示［J］. 马克思主义与现实, 2023 (3)：100 – 110.

［41］董小红, 储安琪. 企业数据资源入表后课税问题浅析［J］. 税务研究, 2024 (5)：41 – 45.

［42］杜方. 数字经济发展对税收收入的影响：基于双固定效应模型的实证［J］. 国际商务财会, 2024 (2)：3 – 9.

［43］杜津宇, 王洪亮. 税收征管数字化转型中的合成数据应用［J］. 税务研究, 2023 (7)：62 – 69.

［44］杜莉. 全球反税基侵蚀规则中选择条款的解读与分析［J］. 国际税收, 2023 (11)：3 – 14.

［45］樊梦燕. "以数治税"下网络直播税收征管问题研究［J］. 山西财政税务专科学校学报, 2023 (1)：14 – 19, 31.

［46］樊书钰, 张馨. 元宇宙空间内税收征管的现实困境与应对路径［J］. 财务与金融, 2022 (6)：1 – 7.

［47］樊轶侠, 段可仪. 数字经济影响区域间税收鸿沟的机制分析与效应检验［J］. 中央财经大学学报, 2024 (6)：25 – 38.

［48］樊勇. 运用科学技术推进税收征管现代化［N］. 中国税务报, 2023 – 04 – 19 (1).

［49］方鹿敏, 孟天广. 超越国家汲取能力：国际数字税实践的政治经济分析［J］. 四川大学学报：哲学社会科学版, 2023 (5)：32 – 42.

［50］方铸, 白帆, 王敏. 数字化技术可以提升我国税收征管效率吗?：基于"宽带中国"与"金税三期"项目改革的研究［J］. 当代经济管理, 2023 (6)：80 – 90.

［51］房超, 沈雨婷. 数据跨境流动能否抑制国际贸易逃税：来自海关信息交换的证据［J］. 数量经济技术经济研究, 2024 (3)：89 – 111.

［52］冯力沛. "大数据"背景下提升税式支出管理水平的研究［J］. 财政监督, 2023 (6)：77 – 82.

［53］冯绍伍，刘霜，常玉华．数字化转型与"一体化"税收风险管理新体系的建构［J］．税务研究，2023（7）：54－61．

［54］冯守东，王爱清．数字经济国际税改研究国内文献综述［J］．国际税收，2023（1）：31－38．

［55］冯思爽．大数据时代网络直播行业个税征管问题研究［J］．税务与经济，2023（5）：50－57．

［56］傅樵，韩蓓，曾晶．数字经济发展对企业税收决策影响研究［J］．财会通讯，2024（5）：71－75．

［57］甘甜．欧盟数字服务税及其对中国的启示［J］．湖南税务高等专科学校学报，2023（5）：31－37．

［58］高诗宇．C2B2C 电子商务政府税收监管研究［J］．河南财政税务高等专科学校学报，2023（3）：15－18．

［59］高小萍，郭晓辉．数字经济发展对地区税收分配的影响研究：基于增值税的实证分析［J］．经济体制改革，2023（2）：167－174．

［60］葛立宇，庞磊，张方．粤港澳大湾区税收征管数字化协作探索［J］．财会月刊，2023（4）：123－128．

［61］葛立宇．纳税信用数字化管理的改革进展与启示：G20 国家比较研究［J］．税收经济研究，2023（1）：20－26．

［62］宫廷，罗敏．数字经济时代增值税扣缴制度的现实困境与因应之道［J］．财政科学，2023（2）：94－104．

［63］谷成，史心旭．构建与数字经济发展更为适配的税制体系［N］．中国财经报，2024－06－25（6）．

［64］谷彦芳，胡欣蕊，张航．数字经济发展对地方财政韧性的影响及空间溢出效应［J］．经济纵横，2024（3）：118－128．

［65］关欣佳，刘兰娟，黄欣．数字经济产业的税收和投资溢出效应研究：基于上海 CGE 模拟分析［J］．上海财经大学学报：哲学社会科学版，

2023（4）：93 – 107.

［66］郭健，杨昭龙．数字经济发展与地方税收收入：基于省级面板数据的实证研究［J］．宏观经济研究，2024（3）：93 – 110.

［67］郭宇航．数字经济时代我国增值税税制和征管面临的挑战及对策［J］．河南财政税务高等专科学校学报，2023（3）：9 – 14.

［68］国家税务总局安徽省税务局课题组．"5C + 5R"税收征管评价体系的应用实践及思考［J］．税收经济研究，2022（6）：70 – 77.

［69］国家税务总局北京市税务局课题组．数字经济背景下税收制度与税收管理的国际比较研究［J］．税务研究，2024（5）：99 – 107.

［70］国家税务总局成都市税务局课题组．平台经济涉税风险及防控对策探讨：基于成都市平台经济企业的调研［J］．税收经济研究，2023（1）：14 – 19.

［71］国家税务总局福建省税务局课题组．数据生产视角下税收征管数字化转型研究［J］．税收经济研究，2023（6）：21 – 29.

［72］国家税务总局广东省税务局，国家税务总局广州市税务局课题组．简论数字化转型下税收征管的智能化改造［J］．税务研究，2024（3）：115 – 121.

［73］国家税务总局广州市税务局课题组．元宇宙在税务领域应用的实践与思考［J］．税务研究，2023（4）：71 – 78.

［74］国家税务总局贵州省税务局调研组．运用税收大数据优化纳税信用管理服务的实践与思考：基于贵州探索建立"纳税信用管家"服务的调查［J］．税务研究，2023（12）：28 – 32.

［75］国家税务总局深圳市税务局课题组．新质生产力与税制变迁：元宇宙的视角［J］．税务研究，2023（12）：5 – 11.

［76］国家税务总局深圳市税务局课题组．以 ChatGPT 为代表的生成式人工智能在税务领域应用的思考和建议［J］．税务研究，2023（6）：5 – 9.

［77］行伟波，侯峥.数字市场发展与数字税治理［J］.金融市场研究，2023（10）：1－20.

［78］郝万丽.基于CiteSpace的数字经济税收研究知识图谱分析［J］.国际商务财会，2024（10）：33－40.

［79］何代欣，周赟媞.数字服务税：各国有共识有差异［N］.中国税务报，2023－11－08（1）.

［80］何邓娇.数字经济对地方税收的影响研究［J］.郑州航空工业管理学院学报，2023（3）：21－28.

［81］何杨，赵姗，廖鎏曦.经济数字化国际税收规则的变革：趋势、机制与影响［J］.财政科学，2023（1）：17－25.

［82］侯尚法，张微，朱德贵.数字经济、税收征管与企业纳税行为［J］.济南大学学报：社会科学版，2023（6）：87－101.

［83］胡超，孙汉林，李泰霖.税收征管数字化对企业出口产品质量化的影响［J］.税务与经济，2023（6）：8－18.

［84］胡洪曙，贾惠宁.数字经济下增值税分配优化研究：基于纵向与横向均衡的分析框架［J］.税务研究，2024（4）：103－107.

［85］胡丽娜，薛阳.数字经济税收治理的动力机制、面临挑战与应对［J］.科学管理研究，2023（4）：64－72.

［86］胡丽娜.数字经济发展的底层逻辑及其对现行税制的影响［J］.北京社会科学，2023（8）：57－67.

［87］胡旭.数智时代元宇宙赋能飞地经济税收利益分享：理论证立与制度调适［J］.行政与法，2024（9）：106－118.

［88］黄成敬欣，王志平，于金秋.数字经济背景下构建税收治理新格局的路径探究［J］.税务研究，2023（10）：138－143.

［89］黄丽君.数智化税收治理探索：嵌入纳税人自然系统的设计与实现［J］.税务与经济，2023（3）：24－31.

［90］黄丽君．数字经济下税收治理嵌入纳税人自然系统研究［J］．财经理论与实践，2024（1）：65－73．

［91］惠怡莎．元宇宙推进双积分交易与监管制度的"新基建"［J］．工信财经科技，2024（1）：59－69．

［92］贾楠，鲁钰锋．运用以 ChatGPT 为代表的生成式人工智能提升税法遵从度的几点思考［J］．税务研究，2023（6）：10－15．

［93］贾楠，张承鹜，于晓雷，赵巍．数字化转型会降低企业实际税负吗？［J］．世界经济文汇，2023（5）：17－34．

［94］贾振宇．论我国税收征管数字化的路径构建［J］．西部财会，2023（11）：17－19．

［95］金超．数字出版税收困境与对策研究［J］．财政科学，2023（8）：16－26．

［96］金浏河，王梦妍．数字服务的商业价值与数字税［J］．当代经济，2023（6）：89－96．

［97］金香爱，侯雨佳．数字经济税收征管制度探析［J］．许昌学院学报，2023（6）：139－144．

［98］靳友雯，韦入嘉，蒋励佳．数字经济下 RCEP 商品税协作研究：基于欧盟值税一站式服务（OSS）的启示［J］．广西财经学院学报，2023（3）：17－27．

［99］寇韵楳．欧盟增值税应税交易地点中固定机构的认定：以一起罗马尼亚公司补税案为例［J］．税务研究，2024（6）：107－112．

［100］黎江虹，李思思．人工智能嵌入税务执法的应用风险及法律限度［J］．税务研究，2024（6）：48－54．

［101］李呈豪．开征数据税的理论基础及制度设计［J］．税务研究，2024（4）：128－133．

［102］李传玉．推动税收征管数字化转型增添服务中国式现代化新动

能［J］. 税务研究，2023（2）：26－30.

［103］李慈强. 论电子商务经营者税收征管的困境及其立法完善：兼论《税收征管法》的修订［J］. 上海财经大学学报：哲学社会科学版，2022（5）：108－122.

［104］李慧敏，蔡晓春. 韩国税收征管数字化的主要做法、效应评价及启示［J］. 税务研究，2023（3）：131－136.

［105］李建军，赵晓或，李鑫. 数字经济与横向税收分配：商品价值增值效应和去分支化效应［J］. 财政研究，2023（8）：101－113.

［106］李梦娟，蔡昌，李艳红. 数字货币的运行机制与税收治理：基于第三方支付与数字货币比较视角［J］. 税务研究，2023（4）：79－86.

［107］李楠楠，付大学. 平台经济税收征管中劳务所得与经营所得之区分：基于实质课税原则的视角［J］. 税务研究，2024（6）：77－83.

［108］李平，宋星仪. 加快构建适应并推动数字经济发展的现代税收制度［N］. 中国财经报，2024－07－02（6）.

［109］李晴晴. 网络直播带货税收监管调查思考［J］. 广东经济，2022（12）：72－75.

［110］李蕊，李佩璇. 数字经济时代区域税收失衡的矫正：基于税权纵向配置视角［J］. 上海财经大学学报：哲学社会科学版，2023（1）：108－123.

［111］李蕊，苏嵘钰. 平台企业数据资产所得纳入应税所得的制度困境、克服进路及制度建构［J］. 税务研究，2024（1）：63－69.

［112］李蕊，王苏姗. 数字服务税收属性及中国税制构造进路［J］. 学习与实践，2024（3）：113－124.

［113］李思思. 元宇宙时代税收治理的法律风险及其应对［J］. 财政科学，2023（7）：34－46.

［114］李文，张秋颖. 数字经济背景下的国际税收解决方案：现状、

博弈与展望 [J]. 国际经济评论, 2023 (4): 156 - 176.

[115] 李夏旭. 论数据要素的分层课税机制 [J]. 税务研究, 2023 (3): 112 - 118.

[116] 李香菊, 付昭煜. 数字经济国际税改与我国应对思路 [J]. 国际税收, 2023 (7): 18 - 23.

[117] 李新, 刘思思. 大数据背景下完善预算执行动态监控机制探索 [J]. 财政监督, 2023 (22): 14 - 17.

[118] 李鑫钊. 数字经济背景下加强税收征管的建议 [J]. 税务研究, 2023 (1): 129 - 132.

[119] 李永海, 王怡婷. 数字经济对税收结构的影响: 理论机制与实证检验 [J]. 税收经济研究, 2023 (5): 45 - 55.

[120] 李雨晴, 张西炜. 平台经济形式中税收体系的完善 [J]. 当代经济, 2022 (12): 26 - 31.

[121] 李悦. 数字经济下粤港澳大湾区合作型税收征管研究 [J]. 财务与金融, 2023 (2): 52 - 58.

[122] 李贞, 王硕. 税收征管数字化发展历程与趋势研究 [J]. 财政史研究, 2023 (16): 159 - 173.

[123] 廖莉, 张纪宇, 李欣. 中国式现代视域下智慧税务生态建设路径探析 [J]. 税务研究, 2023 (12): 125 - 130.

[124] 廖益新. 旨在重塑公平合理国际税收秩序的全球性税改: BEPS 项目国际税改启动十周年评述 [J]. 国际税收, 2023 (12): 3 - 12.

[125] 廖战海, 肖胜男. 数字经济下中国—东盟国际税收协调研究 [J]. 广西财经学院学报, 2023 (6): 61 - 72.

[126] 林燕峦. 数字经济时代税收征管改革逻辑与路径探索 [J]. 西部财会, 2023 (6): 14 - 16.

[127] 刘和祥, 李欣, 张纪宇. 税收征管数字化转型实践的国际比较

及借鉴 [J]. 税务研究, 2023 (6): 84-90.

[128] 刘杰, 王胜华. 数字经济对增值税地区分配的影响研究 [J]. 经济经纬, 2023 (4): 126-137.

[129] 刘进, 杨柳. 税收征管数字化升级对企业劳动投资效率的影响 [J]. 商业研究, 2023 (5): 72-80.

[130] 刘流, 周淑阳, 张媛. 全球数字经济税收征管的进展与优化路径 [J]. 金融纵横, 2023 (8): 61-66.

[131] 刘奇超, 沈涛, 李睿康. BEPS 国际税改的特点与成就 [N]. 中国财经报, 2023-09-19 (6).

[132] 刘奇超, 王萌. 怎么理解同新业态相适应的税收制度 [N]. 中国税务报, 2024-08-14 (1).

[133] 刘越, 高凌江, 李禛. 减税降费促进数字经济与实体经济融合发展的激励效应 [J]. 税务研究, 2024 (5): 54-62.

[134] 柳叶威, 伍冬凤. 基于数据合规的税费数据治理探析 [J]. 湖南税务高等专科学校学报, 2024 (1): 53-56, 64.

[135] 栾春华. 基于征纳双方需求角度构建数字化税收征管方式: 以某市税务系统为例 [J]. 湖南税务高等专科学校学报, 2023 (1): 61-66.

[136] 栾金萍, 李建强, 巢瑞芹, 丁金川. 网络主播税收流失治理研究 [J]. 知识经济, 2023 (2): 49-51.

[137] 罗鸣令, 葛琪琪. 数字经济影响个人所得税调节居民收入差距效应研究: 基于我国各省市 2010-2022 年面板数据的分析 [J]. 太原学院学报: 社会科学版, 2024 (2): 41-54.

[138] 吕鹏, 张卓, 李蒙迪. 我国征收数字税的必要性与政策设计 [J]. 晋阳学刊, 2023 (3): 106-113.

[139] 马慧洁, 夏杰长. 数据资产的确权及课税问题研究 [J]. 税务研究, 2023 (12): 44-49.

［140］马军，王晓雯．"金税四期"背景下中国数字资产的税收征管研究［J］．社科纵横，2024（1）：30－37．

［141］马婉宁．数字经济时代我国面临的税收治理挑战与应对［J］．公共财政研究，2023（3）：84－96．

［142］孟萍莉，李曼．国际数字服务税发展及我国的应对策略［J］．价格理论与实践，2023（3）：120－123，205．

［143］苗玉刚．挑战与应对：元宇宙经济的税收治理探究［J］．湖南税务高等专科学校学报，2023（6）：35－41．

［144］缪慧星，梁惠秀．数字经济背景下"双支柱"方案对东盟国家税收的影响研究［J］．广西财经学院学报，2023（2）：78－88．

［145］牛彪，王建新，于翔．税收征管数字化升级与上市公司信息披露违规："金税三期"工程的治理效应检验［J］．西部论坛，2023（4）：47－60．

［146］牛彪，于翔，黎骅逸．数字化税收征管能抑制公司业绩预告违规吗？［J］．新疆财经，2023（6）：52－59．

［147］牛力，庞凤喜．数字化转型对企业税负的影响研究［J］．财政研究，2023（5）：57－70．

［148］潘虹，周洪波．智慧税务背景下构建数据治理制度体系的思路与实践路径［J］．税收经济研究，2023（4）：45－52．

［149］彭程．论数字经济下税收联结规则的时空构造与规范嬗变［J］．税务研究，2023（11）：69－75．

［150］彭菲菲，张博，林建荣．税收管辖权：全球化背景下的税收冲突与协同［N］．中国税务报，2023－07－12（4）．

［151］彭晓洁，张建翔，王光旭．减税降费对企业数字化转型的影响［J］．金融与经济，2023（5）：86－96．

［152］秦荣生．数据资源入账入表的管理和税收问题探讨［J］．税务研

究，2024（5）：29 – 33.

[153] 邱国庆，李星如，马妍妮. 税收征管数字化何以赋能实体经济投资效率提升？[J]. 江南大学学报：人文社会科学版，2023（5）：25 – 39.

[154] 瞿明山. 互联网发展对税收征管效率的影响 [J]. 河南工程学院学报：社会科学版，2022（4）：43 – 51.

[155] 人工智能提升纳税服务效能的实践探索课题组. 行为洞察方法提升税收治理效能的国际经验借鉴 [J]. 公共财政研究，2023（6）：4 – 14.

[156] 任超，翁盈盈. 数字经济背景下常设机构税收关联度的弱化与应对 [J]. 税收经济研究，2023（4）：9 – 17.

[157] 任宛立. 税收公平视角下数字税功能创新 [J]. 暨南学报：哲学社会科学版，2023（5）：50 – 58.

[158] 商红明，余丹. 区块链治税的优势、风险与启示 [J]. 税收经济研究，2023（2）：90 – 95.

[159] 邵娇，岳颂. 数字经济背景下扩大居民消费需求的税收政策选择 [J]. 税务研究，2023（4）：64 – 70.

[160] 邵进. 数字经济背景下国际税收治理与中国应对 [J]. 国际商务财会，2023（16）：64 – 68.

[161] 沈斌. 论数字经济时代网络平台的税源征收义务 [J]. 地方财政研究，2023（3）：14 – 23.

[162] 施正文，刘林锋. 论数字平台的税收征管义务 [J]. 国际税收，2024（4）：10 – 24.

[163] 税务系统智慧监督路径研究课题组. 加强税务智慧监督，助力新时代税收治理现代化 [J]. 湖南税务高等专科学校学报，2023（1）：6 – 10.

[164] 宋迎春，易星言. 我国数字资产税收政策的问题研究 [J]. 特区经济，2023（2）：59 – 62.

[165] 孙红梅，梁若莲. 全球税收发展十年回顾与展望 [J]. 国际税

收, 2023 (2): 28 - 35.

[166] 孙红梅, 燕晓春, 余菁, 谢宗炜. 纳税人数字身份全球发展态势: 基于 OECD《税收征管 3.0 和纳税人数字身份: 初步调查结果》的分析 [J]. 国际税收, 2024 (4): 63 - 68.

[167] 孙俊霞, 杨程. 常设机构税务风险发展趋势探析: BEPS 第 7 项行动计划回顾与展望 [J]. 国际税收, 2023 (12): 21 - 28.

[168] 孙倩. 税收征管数字化抑制了企业高管在职消费吗?: 来自金税三期工程的经验证据 [J]. 西部论坛, 2024 (1): 96 - 110.

[169] 孙赛凤, 刘栓虎, 孙靖程. 网络直播税收征管的难点及建议 [J]. 财政科学, 2023 (9): 119 - 124.

[170] 孙伟艳, 李雨洁. 税收征管数字化对资本结构动态调整的影响研究 [J]. 金融理论与实践, 2024 (1): 13 - 21.

[171] 孙轩. 系统性公共风险的数字化防控: 以地方政府债务管理为例 [J]. 行政论坛, 2023 (6): 133 - 141.

[172] 孙毅, 贺子涵. 数字税 2.0: 展望元宇宙驱动的税收变革 [J]. 税务研究, 2023 (1): 50 - 55.

[173] 孙永军, 赵可, 辛彩云. 智慧税务赋能税收征管现代化路径研究: 实践经验与启示 [J]. 税务与经济, 2024 (3): 42 - 50.

[174] 孙正, 闵庆汉, 朱学易. 工业互联网税收治理的逻辑机制与中国方案 [J]. 税务研究, 2024 (2): 79 - 86.

[175] 孙正, 闵庆汉, 朱学易. 数据课税的理论、逻辑与中国方案 [J]. 税务研究, 2023 (1): 56 - 62.

[176] 孙正. 智慧税务下平台企业零工经济税收治理: 理论、逻辑与对策 [J]. 税收经济研究, 2023 (6): 11 - 20.

[177] 唐飞鹏. 税收征管数字化、企业创新与高质量发展 [J]. 经济与管理评论, 2023 (3): 102 - 115.

［178］陶东杰，陈政弘．税收征管数字化升级与企业税负粘性［J］．财政科学，2023（4）：89－105．

［179］滕海波．数字经济视域下税收征管的应变［J］．山西财政税务专科学校学报，2023（1）：9－13．

［180］田发，康家烁，周琛影．数字经济发展对税收制度的冲击及应对策略：以长三角区域为例［J］．地方财政研究，2023（9）：59－69．

［181］田发，邹思远．税收信息化提升了数字经济企业纳税遵从吗［J］．财会月刊，2024（3）：114－120．

［182］田志伟，丁玉姣，王强．经济时代变迁对税收治理模式的影响研究［J］．国际税收，2024（5）：56－63．

［183］童光辉，杨澄逸．数字经济发展与企业避税：基于上市公司数据的实证研究［J］．税收经济研究，2024（2）：56－66．

［184］万树，张健，李祺．促进共同富裕的数字税设计框架研究［J］．经济研究参考，2022（11）：49－58．

［185］王宝顺．数字经济税收：一个分析框架［J］．财政科学，2023（11）：60－69．

［186］王东，罗敬蔚．我国构建数字经济税收法律制度的现时难题和优化路径［J］．重庆邮电大学学报：社会科学版，2023（3）：47－56．

［187］王凤飞．电子商务税收遵从度评估及征管策略研究［J］．河北经贸大学学报，2023（3）：102－109．

［188］王宏伟．数字经济下我国税制优化的立场、原则与进路［J］．税收经济研究，2023（5）：26－34．

［189］王佳龙，刘泽瑜，陈茹佳．元宇宙税收全景治理模式的实践探索与蓝图构建：基于场景应用实践的分析［J］．国际税收，2024（3）：61－68．

［190］王佳莹，王新媛．数字经济背景下国际税收政策比较及我国的应对［J］．税务与经济，2023（6）：26－32．

[191] 王建新，钞康健，万寿琼．税收征管数字化能提升企业的风险承担水平吗？：基于"金税三期"的准自然实验［J］．吉首大学学报：社会科学版，2024（1）：93－104.

[192] 王竞达，梅延拓．元宇宙的课税难点与解决路径探讨［J］．税务研究，2024（4）：77－83.

[193] 王丽华，景重博．联合国主导的全球税收治理机制的建立：动因、展望与应对［J］．税务研究，2024（6）：90－97.

[194] 王丽华．论数字经济背景下的全球税收正义及中国应对［J］．上海财经大学学报：哲学社会科学版，2024（1）：108－123.

[195] 王鲁宁，陈忠．智慧税务建设理论供给及实践路径研究［J］．国际税收，2023（10）：61－67.

[196] 王平，徐肇仪．企业数字化转型何以影响税收规避？：基于内部治理与外部监督的双重审视［J］．哈尔滨商业大学学报：社会科学版，2023（5）：80－92.

[197] 王淞．应对数字经济挑战的税收征管改革探析［J］．西部财会，2023（8）：14－16.

[198] 王涛，王建新．税收征管数字化对公司信息披露质量的影响：治理效应分析视角［J］．现代财经（天津财经大学学报），2023（9）：71－88.

[199] 王婷婷，高向东，胡若醒，王立璐．契机、挑战与应对：智慧税务建设的国际经验及启示［J］．国际税收，2023（6）：43－50.

[200] 王文静，曹明星．BEPS十年：国际反避税全球共治观察［J］．税务研究，2023（9）：86－93.

[201] 王文清，姚巧燕，关宇．数字要素驱动下"一带一路"税收征管合作机制信息化应用研究［J］．海关与经贸研究，2023（3）：113－124.

[202] 王向东．数字经济、数字产业与数字税制创建［J］．税务研究，

2024（3）：122 – 127.

　　[203] 王焱，郑俊峰，周俊明. 税收征管 3.0 理念下的"与原生系统连接"模式对我国"乐企"直连的启示 [J]. 税务研究，2024（5）：108 – 114.

　　[204] 王永强，张娅婕. 我国数字税立法的功能定位与实现路径：以"经济租"为税基 [J]. 湖北经济学院学报，2024（1）：100 – 111.

　　[205] 王园鑫. 税收重课规范在防止数字资本无序扩张中的适用及其限度 [J]. 税务与经济，2023（5）：30 – 38.

　　[206] 王哲，王雨薇. 网红经济税收监管：实践、挑战与路径 [J]. 新经济导刊，2023（11）：105 – 112.

　　[207] 魏升民，李沛伦，杨彩婷. 税收征管数字化提高了企业慈善捐赠吗：基于"金税三期工程"准自然实验的研究 [J]. 贵州财经大学学报，2024（1）：62 – 70.

　　[208] 邬展霞. 数据要素价值创造的原理、模式及其对税收制度的挑战 [J]. 税务研究，2023（5）：60 – 67.

　　[209] 吴东蔚. 互联网行业税收治理现状检视与调适进路 [J]. 中国流通经济，2023（7）：116 – 128.

　　[210] 吴越. OECD 税收征管 3.0 实践经验对我国税收征管数字化的启示 [J]. 税务研究，2023（6）：91 – 96.

　　[211] 伍伦. 数字化转型对公司税收遵从的影响研究 [J]. 外国经济与管理，2023（8）：17 – 33.

　　[212] 武长海，秦淑琨. 数字化跨境交易对企业所得税制度的挑战与我国的应对 [J]. 国际贸易，2024（1）：50 – 57.

　　[213] 席卫群，杨青瑜. 产业数字化对地区税收收入的影响研究 [J]. 当代财经，2024（1）：46 – 58.

　　[214] 席卫群，杨青瑜. 数字经济发展对我国税收收入的影响机制研究 [J]. 广西师范大学学报：哲学社会科学版，2023（5）：87 – 101.

［215］夏菊子．数字经济提升税收征管创新能力的路径探索［J］.安徽商贸职业技术学院学报：社会科学版，2023（2）：24 - 29.

［216］向芝谊，张馨元．生成式人工智能赋能税收治理现代化研究［J］.税务研究，2023（12）：66 - 70.

［217］谢波峰．从"互联网 + 税务"迈向"人工智能 + 税务"［N］.中国税务报，2024 - 03 - 27（2）.

［218］谢波峰．建立"数字税收制度"服务数字中国建设［N］.中国税务报，2023 - 05 - 17（1）.

［219］谢波峰．数据税收的内涵、作用及发展［J］.财政科学，2023（1）：35 - 39.

［220］谢波峰．税收现代化服务中国式现代化：基于国家治理视角的认识［J］.国际税收，2023（4）：47 - 53.

［221］解洪涛，王嘉庆．数字化赋能全过程人民民主：人大预算联网监督改革实践与成效分析［J］.财政研究，2024（1）：45 - 60.

［222］谢清华，周志勇．区块链赋能税收征管与税务筹划的动态博弈［J］.税务与经济，2021（4）：40 - 47.

［223］谢添赟，刘建徽．"互联网 +"视域下自然人税收治理体系的路径构建：以重庆市为例［J］.西部学刊，2023（10）：13 - 16.

［224］徐进．数字经济背景下的数字广告征税问题研究：基于数字价值创造视角［J］.湖南税务高等专科学校学报，2023（6）：51 - 57.

［225］徐绮爽，王宝顺．数字经济与区域间横向税收分配失衡：基于税收与税源背离现象的考察与实证检验［J］.现代财经（天津财经大学学报），2023（3）：82 - 96.

［226］徐伟．数字经济背景下跨境所得税征收规则之反思与重构［J］.上海对外经贸大学学报，2023（1）：68 - 80.

［227］许文．分步构建面向数字经济的友好型税收体系［J］.国际税

收，2024（4）：25-31.

[228] 许文. 数字经济下我国税制建设与展望 ［N］. 中国财经报，2024-08-13（6）.

[229] 薛钢，董睿，许慧欣. 应对技术性失业的税收治理优化：基于ChatGPT 的挑战 ［J］. 税务研究，2023（7）：104-109.

[230] 薛阳，胡丽娜. 关于税制改革赋能我国数字经济国际竞争力提升的若干思考 ［J］. 中国科学院院刊，2023（11）：1729-1739.

[231] 闫晴，高婷婷. 数字经济时代数据资产交易课税：制度困局、理论逻辑与优化方案 ［J］. 青海社会科学，2024（1）：172-181.

[232] 闫晴. 数字经济时代灵活用工平台税收征管制度的困局、溯源及破解 ［J］. 上海交通大学学报：哲学社会科学版，2023（3）：104-120.

[233] 杨洪，张梓桐. "双支柱"方案视角下数字经济的税收确定性 ［J］. 中南民族大学学报：人文社会科学版，2023（3）：129-136.

[234] 杨欢，李香菊. 经济数字化背景下国际税收规则变革：方案评析、内在逻辑与中国路径 ［J］. 国际贸易，2023（3）：29-36，62.

[235] 杨进，化汝婷，周克清. 大数据税收征管有助于抑制关联交易吗？：来自"金税三期"工程的准自然实验证据 ［J］. 南方经济，2024（3）：1-18.

[236] 杨来峰，赖少杰. 税收征管数字化推动了资本深化吗？：基于金税三期准自然实验的分析 ［J］. 审计与经济研究，2023（6）：97-105.

[237] 杨兰品，杨水琴. 数字经济发展与企业税收不确定性：基于企业低成本战略的调节作用 ［J］. 工业技术经济，2023（3）：82-91.

[238] 杨庆. 数字时代税收治理转型的理论逻辑与实践路径 ［J］. 税收经济研究，2023（1）：1-6.

[239] 杨森平，余丽莎. 以ChatGPT 为代表的生成式人工智能对税收管理带来的机遇和挑战 ［J］. 税务研究，2023（6）：16-20.

［240］杨世鉴．数字经济下的中国税制改革：从税收管理到税收治理［J］．当代经济管理，2023（4）：77－82．

［241］杨肖锋．我国跨境电商的税收风险管理：以深圳为例［J］．新经济，2023（8）：107－121．

［242］杨小强，孙于依然．数字经济背景下海关与税务机关的协同共治研究［J］．海关与经贸研究，2023（4）：66－81．

［243］杨小强，王森．人工智能在税务领域应用中的风险及规制［J］．税务研究，2023（2）：69－75．

［244］杨旭东，彭晨宸，沈彦杰．税收征管信息化可以提高企业内部控制质量吗？［J］．审计研究，2023（6）：149－160．

［245］杨昭，杨杨．数据要素影响税制体系的机制、表现和应对［J］．税务研究，2023（3）：105－111．

［246］杨政霖．平台经济税收治理的优化路径［J］．山西财政税务专科学校学报（太原），2023（2）：15－20．

［247］杨志勇．论数字经济背景下的国内税收治理［J］．税务研究，2023（10）：54－59．

［248］姚东旭，严亚雯．数字时代的税收治理：关联性、现实挑战与应对方案［J］．税务与经济，2023（6）：19－25．

［249］姚键．认知智能在税收征管数字化升级和智能化改造中的应用研究：兼论税收智能系统的建构［J］．税务研究，2023（5）：68－75．

［250］叶瑞克，刘彬．直接税、数字经济与经济高质量发展［J］．上海管理科学，2024（2）：19－23，29．

［251］于海峰．建立适应数字化发展的税收体系［N］．中国税务报，2023－11－08（1）．

［252］余鹏峰，张佳莉．论NFT数字艺术品交易的税法规制［J］．税务研究，2023（6）：50－58．

［253］余鹏峰．数据资源入表对税收征管的挑战与应对［J］．税务研究，2024（5）：34-40．

［254］余鹏峰．数字时代增值税法定的特点、内容与路径：以《增值税法（草案）》为中心［J］．山西财政税务专科学校学报，2023（2）：3-9．

［255］余莎，孔祥思，王文甫．适应数字经济发展的税制选择：数据使用税［J］．税务研究，2023（12）：39-43．

［256］袁娇，王敏．数字经济时代我国税收征管适配转型迭代的路径思考［J］．东北财经大学学报，2024（5）：24-32．

［257］袁娇，夏凡，付可昕．RCEP下跨境数字经济税收协调现实困境及破解之策［J］．国际税收，2023（4）：54-62．

［258］岳树民，谢思董，白林．适配数字经济发展的税制结构优化［J］．国际税收，2024（4）：3-9．

［259］张晨健，王文清．提升税收征管数智化水平，助力新质生产力发展［N］．中国财经报，2024-04-30（6）．

［260］张程睿，陈嘉滢．大数据税收征管与股同步性：基于金税三期工程的准自然实验证据［J］．财务研究（京），2023（2）：59-69．

［261］张国钧．新发展格局下跨境电商税收征管面临的挑战及建议：基于厦门市跨境电商的调查［J］．税务研究，2023（9）：26-31．

［262］张行，张学升．税收信息化建设与企业税收负担：基于金税三期的准自然实验［J］．云南社会科学，2024（1）：103-111．

［263］张健．提升税收征管数字化治理效能研究［J］．税务研究（京），2024（5）：46-53．

［264］张江朋，许文涛．税务监管数字化：演变、框架与路径［J］．湖南税务高等专科学校学报，2024（2）：3-12．

［265］张俊．营销型无形资产转让定价税收制度国际比较与借鉴［J］．财会通讯，2023（9）：154-158．

［266］张力，徐晨欣. 区块链赋能数字税双重征税治理规制 ［J］. 社会科学家，2023（7）：96 - 101.

［267］张伦伦. 税收协定范本中常设机构条款的最新修订及中国优化策略 ［J］. 国际税收，2023（9）：68 - 78.

［268］张奇源. 数字服务税的争议分析与中国进路 ［J］. 海南金融，2023（1）：38 - 47.

［269］张青卫. 数字经济时代我国税法的完善 ［J］. 公共财政研究，2022（5）：83 - 96.

［270］张荣静. 新经济下"智慧税务"治理生态体系构建探究 ［J］. 财会通讯，2023（14）：160 - 164.

［271］张绍合，胡岳岷. 中国应该缓征数字服务税吗？［J］. 福建论坛：人文社会科学版，2023（6）：100 - 111.

［272］张馨元，田婷，庄婷婷. 数字经济背景下完善高净值人群跨境税收征管问题研究 ［J］. 税务与经济，2023（6）：33 - 37.

［273］张英. 发票电子化改革的国际趋势：基于 OECD《税收征管 3.0 与发票电子化：初步调查结果》的分析 ［J］. 国际税收，2024（4）：55 - 62.

［274］张志强，韩凤芹. 大数据税收征管对企业税收遵从度的影响研究 ［J］. 审计与经济研究，2023（5）：86 - 96.

［275］张作玲. 论税大数据畅通产业链"微循环"的实现路径 ［J］. 河南财政税务高等专科学校学报，2023（1）：1 - 8.

［276］赵格. 机器人税开征的探析 ［J］. 湖南税务高等专科学校学报，2024（1）：9 - 14，52.

［277］赵申豪. 数据课税的理论基础与二元实现路径 ［J］. 税务研究，2023（8）：52 - 59.

［278］赵怡. 我国共享经济税收征管的现状、挑战与对策 ［J］. 财政科学，2022（12）：49 - 54.

［279］甄敬霞．智慧税务视角下创新办税服务模式探讨［J］．中共伊犁州委党校学报，2023（2）：73－78.

［280］中国财政科学研究院课题组．关于在线新经济发展税制改革的思考［J］．科学发展（沪），2023（4）：16－25.

［281］中国税务学会课题组．适应数字经济发展的税收制度建设与完善［J］．税务研究，2023（11）：94－98.

［282］钟昌元，陆珺，余丹阳．数字经济时代促进地区间增值税收入均衡研究［J］．湖北经济学院学报：人文社会科学版，2024（2）：43－46.

［283］周波，刘晶．应对数字经济挑战的税收治理变革［J］．税务研究，2023（12）：33－38.

［284］周艳秋，朱润喜，陈蕾．数据资产课税税基评估规则的构建及其实施路径［J］．税务研究，2024（9）：70－76.

［285］周颖昕，徐秀军．日本政府支持人工智能发展的财税政策分析［J］．国际税收，2023（12）：53－58.

［286］朱青，白雪苑．OECD"双支柱"国际税改方案：落地与应对［J］．国际税收，2023（7）：3－10.

［287］朱青，白雪苑．OECD"双支柱"国际税改方案的最新进展［J］．国际税收，2023（1）：26－30.

［288］朱卫东，张福伟，吴勇．完善灵活用工平台企业税收风险管理的建议［J］．税务研究，2023（12）：137－143.

［289］朱炎生．BEPS项目十年回顾：国际税收协调机制的多边化转型［J］．国际税收，2023（12）：13－20.

［290］朱炎生．支柱一方案与我国国内税法衔接方法探析［J］．税务研究，2023（7）：82－88.

［291］朱振国．税收征管数字化升级与智能化改造探讨［J］．国际税收，2024（3）：69－74.